MASCHA SCHACHT

DIE GARTEN TRICKKISTE

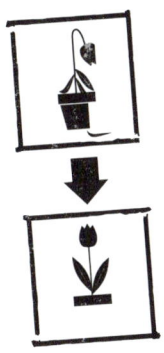

DIE GU-QUALITÄTS-GARANTIE

Wir möchten Ihnen mit den Informationen und Anregungen in diesem Buch das Leben erleichtern und Sie inspirieren, Neues auszuprobieren. Bei jedem unserer Produkte achten wir auf Aktualität und stellen höchste Ansprüche an Inhalt, Optik und Ausstattung. Alle Informationen werden von unseren Autoren und unserer Fachredaktion sorgfältig ausgewählt und mehrfach geprüft. Deshalb bieten wir Ihnen eine 100%ige Qualitätsgarantie.

Darauf können Sie sich verlassen:
Wir legen Wert auf einen nachhaltigen Umgang mit der Natur im eigenen Garten. Wir garantieren, dass:
- alle Anleitungen und Tipps von Experten in der Praxis geprüft und
- durch klar verständliche Texte und Illustrationen einfach umsetzbar sind.

Wir möchten für Sie immer besser werden:
Sollten wir mit diesem Buch Ihre Erwartungen nicht erfüllen, lassen Sie es uns bitte wissen! Nehmen Sie einfach Kontakt zu unserem Leserservice auf. Sie erhalten von uns kostenlos einen Ratgeber zum gleichen oder ähnlichen Thema. Die Kontaktdaten unseres Leserservice finden Sie am Ende dieses Buches.

GRÄFE UND UNZER VERLAG
Der erste Ratgeberverlag – seit 1722.

OBST

RASEN

TOPFGÄRTNERN

ZIERGEHÖLZE

VORWORT

Grüner Daumen im Eilverfahren

GÄRTNERN MACHT SPASS! Wo aus Samenkörnern prächtige Pflanzen heranwachsen, blühende Blumen Bienen und Schmetterlinge anlocken und leckeres Obst und Gemüse zum Naschen verführen, ist gute Laune garantiert. Ein gelegentlicher Rückschlag oder zwischenzeitliche Ratlosigkeit ist dabei absolut kein Grund zur Panik, sondern vielmehr ein Zeichen dafür, dass Sie sich auf dem besten Weg zum Headgardener befinden: Je anspruchsvoller die Tätigkeiten werden, desto mehr Fragen tauchen auf – aber umso größer sind auch die Fortschritte, über die Sie sich anschließend freuen können.

Die »Garten-Trickkiste« hilft Ihnen dabei, Antworten auf dringliche Fragen zu finden. Und sie ist prall gefüllt mit Notfalltipps, die verunglückten grünen Patienten rasch wieder auf die Beine helfen. Oder sie sorgen zumindest dafür, dass Ihr Vorhaben beim nächsten Versuch auf Anhieb klappt.

Damit Sie sich schnell im Buch zurechtfinden, sind die wichtigsten Fragen und Antworten nach Themengebieten gegliedert. Zu jedem Bereich gibt es ein »Garten-Extra«. Hier erwarten Sie eine Zusatzportion grünes Wissen, Überraschendes und viele Vorschläge, die das Gärtnerdasein noch erfolgreicher und entspannter gestalten. Kleine Exkurse ins Gartenrecht gehen auf typische Nachbarschaftsstreitigkeiten ein und zeigen, wo und wie man sich Geld, Zeit und Nerven sparen kann. Im Serviceteil am Ende des Buches finden Sie Bezugsquellen für Pflanzen und allerlei Nützliches, aber auch Literaturempfehlungen und Links zu hilfreichen Websites.

Tipp: Nehmen Sie die Trickkiste nicht nur im Problemfall zur Hand. Ein bisschen Querlesen und Schmökern lohnt sich in jedem Fall – schließlich muss man nicht jeden Fehler selbst machen, um aus ihm zu lernen. Vertrauen Sie aber auch auf Ihre eigenen Erfahrungen: Was bei anderen nicht klappt, kann im eigenen Garten wunderbar funktionieren. Ansonsten gilt: Lassen Sie sich von den vielen Tipps und Anregungen rund ums Gärtnern inspirieren, und probieren Sie das eine oder andere einfach mal aus. Darin liegt schließlich der besondere Reiz des Gartens: Er wird zwar nie fertig – aber immer schöner.

BLUMENGARTEN

Ob prächtige Stauden, farbenfrohe Sommerblumen oder exotische Kübelpflanzen: Bunte Blüten machen gute Laune und sollten auf keinem Balkon und in keinem Garten fehlen. Mit ein paar Tricks sorgen Sie dabei für echte Höchstleistungen, verlängern die Blütezeit, lösen das Geheimnis der verschwundenen Tulpen oder machen sich das Leben einfach ein bisschen leichter.

BEIM PFLANZENKAUF

Teuer oder preiswert, Mini oder XXL?

VOR EINIGEN JAHREN waren Frühling und Herbst noch die Hauptpflanzzeit für Stauden. Man ging in die Gärtnerei und kaufte ein kleines viereckiges Töpfchen, über dessen Inhalt gerade im Frühjahr oft nur das Etikett Auskunft gab – die Pflanze war gerade erst aus ihrem Schlummer erwacht und sah, vorsichtig ausgedrückt, noch eher unscheinbar aus. Heute hingegen werden viele Stauden in großzügigen Zwei- bis Drei-Liter-Töpfen angeboten, in denen sie sich recken und strecken und den Gärtnereibesucher mit ihrer Pracht zum spontanen Kauf verführen. Doch die Großzügigkeit hat ihren Preis, die eindrucksvollen Pflanzen kosten mitunter das Vier- oder Fünffache dessen, was man für einen Topf mit 0,5 Liter Inhalt bezahlen würde.

Besonders Gärtner, die ihr Hobby gerade erst für sich entdeckt haben, profitieren aber von den XXL-Stauden: Die Pflanzabstände etwa lassen sich leichter einhalten, wenn die Stauden beim Einpflanzen schon annähernd ihre volle Größe besitzen. Dank des größeren Wurzelballens verzeihen die Pflanzen zudem anfängliche Pflegefehler eher und dürfen auch in den für sie anstrengenderen – da heißeren und trockeneren – Sommermonaten in die Erde. Auch in Pflanzgefäßen sind die Pflanzen größerem Stress ausgesetzt, weshalb man hier mit bereits gut entwickelten Exemplaren im Vorteil ist. Und sollten sich im Lauf der Saison Lücken im Beet auftun, dann lassen sie sich mit den XXL-Stauden ebenfalls rasch füllen.

Prinzipiell ist die Pflanzenqualität in den preisgünstigeren kleinen Töpfen allerdings keineswegs schlechter, und einmal eingewurzelt stehen die anfänglichen Minis den Maxis schon bald in nichts mehr nach. Wesentlich wichtiger als die Topfgröße ist eine gute Durchwurzelung des Ballens: Daumen hoch heißt es, wenn Sie beim Blick durch die Wasserabzugslöcher am Topfboden ein gleichmäßiges Geflecht feiner weißer Wurzeln erkennen können. Finger weg hingegen, wenn der Erdballen beim vorsichtigen Herausziehen auseinanderfällt. Auch Exemplare, bei denen sich unter dem Topfboden bereits ein dichter Wurzelfilz gebildet hat, sollten Sie besser stehen lassen, denn diesen

Pflanzen hätten schon vor geraumer Zeit ein Umtopfen gutgetan.

Die oberirdischen Pflanzenteile haben ebenfalls einen kritischen Blick verdient: Gesunde Pflanzen besitzen pralle, frischgrüne Blätter und Stiele. Das eine oder andere abgeknickte oder trockene Blättchen ist nicht weiter schlimm, stutzig werden sollten Sie aber bei fauligen Pflanzenteilen oder auffälligen Blattflecken, denn sie deuten häufig auf fiese Pflanzenkrankheiten hin.

Spätestens ab März findet man in vielen Gartencentern im Gewächshaus vorgetriebene, schon blühende Pflanzen. Die Versuchung, vor der Saison zu kaufen, ist groß, machen Sie sich aber bewusst, dass dies gegen die Natur der Pflanzen ist und Spätfröste dem Blütenzauber noch bis Mitte Mai ein jähes Ende setzen können.

KRUMME JUNGPFLANZEN

Haltungsschäden vermeiden

ES IST ZUM VERZWEIFELN: Da hat man extra schon im Januar in Töpfchen und Schalen ausgesät und sich kurz darauf über das erste Grün gefreut, aber irgendetwas stimmt nicht, denn die Jungpflanzen bilden merkwürdig lange, dünne und kurvige Triebe ... Was hier passiert, bezeichnen Gärtner als »Vergeilung« – und das bedeutet kurz zusammengefasst: Die Pflanzen stehen zu dunkel und zu warm. Haben es die Sämlinge schön kuschelig, ist das für sie nämlich erst einmal das Zeichen: Der Frühling naht, bitte wachsen, und zwar dalli. Dazu brauchen sie aber nicht nur Wärme, sondern auch ausreichend Licht, und das ist am Jahresanfang noch Mangelware, erst recht auf der Fensterbank. In der Folge macht sich das Pflänzchen möglichst lang, um näher an die Lichtquelle heranzukommen, wobei es leider sehr weiche und wenig widerstandsfähige Triebe ausbildet.

Verhindern können Sie das zum einen, indem Sie nicht zu früh aussäen. Die Aussaatsaison beginnt für die meisten Zierpflanzen und Gemüsearten zwischen Anfang und Mitte März und ist in der Regel auf den Samentütchen angegeben. Zum anderen sollten die Aussaatgefäße so hell wie irgend mög-

lich stehen – und im Zweifelsfall lieber ein bisschen kühler als zu warm. 22 °C etwa sind für Fleißige Lieschen (*Impatiens walleriana*) und Tomaten prinzipiell eine günstige Temperatur. Wenn das gegenüberliegende Haus frühzeitig seinen Schatten auf die Fensterbank wirft, sind aber 20 oder 18 °C möglicherweise günstiger. Hier muss man sich einfach ein bisschen herantasten – oder fertige Jungpflanzen kaufen.

Wenn die Keimlinge hingegen gar nicht erst in Fahrt kommen wollen, ist die Erde möglicherweise zu nährstoffhaltig. Normaler Blumenerde wird von Herstellerseite oft schon Dünger zugesetzt, um eine optimale Versorgung der Pflanzen sicherzustellen. Durch die enthaltenen Düngesalze können die zarten Wurzeln der Keimlinge aber regelrecht verbrennen, sodass die Pflänzchen schon kurz nach dem Aufgehen absterben. Deshalb sollten Sie normale Blumenerde mit Sand abmagern, wenn Sie Pflanzen darin vorziehen möchten. Oder Sie greifen zu Aussaaterde – das ist eine der wenigen Spezialerden, deren Anschaffung sich wirklich lohnt.

Versuchen Sie außerdem herauszufinden, ob es sich bei den Pflanzen, die Sie heranziehen möchten, um Licht- oder Dunkelkeimer handelt. Während **Dunkelkeimer** sich wie vermutet eine Schicht Erde überm Köpfchen wünschen, schalten **Lichtkeimer** bei dieser Behandlung auf stur. Ihren Samen drücken Sie nach der Aussaat lediglich leicht an. (Bei gekauftem Saatgut steht die Saattiefe meist auf der Packung.) Die Erde selbst darf sowohl bei Licht- als auch bei Dunkelkeimern während der Keimung niemals ganz austrocknen. Aussaattöpfchen stellen Sie daher am besten in ein Zimmer-Gewächshaus, um die Luftfeuchte zu erhöhen. Über Aussaatschalen können Sie auch ganz einfach ein Stück Klarsichtfolie spannen. Nun noch einmal täglich lüften, dann können Sie schon bald die ersten Pflänzchen begrüßen.

WASSERVERBRAUCH SENKEN

Schlaue Gärtner gießen seltener

PFLANZEN BRAUCHEN WASSER, das ist unbestritten, und in heißen, trockenen Sommern kommt man ums Gießen nicht herum. Wie oft Sie jedoch zur Gießkanne oder zum Wasserschlauch greifen müssen, können Sie selbst beeinflussen, beispielsweise mit einem Blick auf die Uhr: Wer in der prallen Mittagshitze gießt, muss sich nicht wundern, wenn der größte Teil des Wassers schon auf halbem Weg zur Pflanzenwurzel wieder verdunstet ist. Obendrein wirken Wassertropfen, die beim Gießen auf Blüten und Blättern landen, wie kleine Brenngläser und können hässlichen Sonnenbrand verursachen.

Mittags ist also besser Siesta angesagt (zumindest für die, die nicht gerade am Arbeitsplatz schwitzen). Unpraktischerweise befindet man sich aber auch zum optimalen Gießzeitpunkt meist im Tiefschlaf, denn am effektivsten gestaltet sich das Wässern um vier Uhr in der Früh. Der Kompromiss: Gießen Sie möglichst spät am Abend, wenn Luft- und Bodentemperatur bereits etwas gesunken sind, oder nutzen Sie einen Bewässerungscomputer mit Zeitschaltuhr (siehe S. 80). Ein weiterer Trick, um den Wasserverbrauch zu senken: **Hacken** Sie Ihre Beete regelmäßig und lockern Sie die Erdoberfläche in größeren Pflanzgefäßen mit einer Handharke. Dadurch unterbrechen Sie nämlich die feinen Kanäle, die sich das Wasser beim Versickern gegraben hat. Sind diese Verbindungswege zerstört, verdunstet weniger Wasser aus tieferen Bodenschichten – Pluspunkt für Sie, denn entsprechend weniger müssen Sie gießen. Wer keine Zeit zum Hacken hat, kann die Verdunstung auch mit einer 15 cm hohen Mulchschicht reduzieren.

Achtung: Stroh kann Mäuse anziehen. Unbehandelter Rindenmulch bindet Stickstoff aus dem Boden, weshalb Sie vor dem Mulchen 50 g Hornspäne in den Boden einarbeiten oder aber fermentierte Produkte bevorzugen sollten (steht auf der Verpackung). Eine relativ neutrale Bodenbedeckung sind Kies oder Schotter.

DÜNGEN LEICHT GEMACHT

Kompost versus Blaukorn

WURZELN UND STÄNGEL, Blätter, Blüten und Samen: Es ist schon erstaunlich, was sich innerhalb weniger Monate aus einem Steckling oder einem winzigen Samenkorn entwickelt. Dieses Wunder ist allerdings nur möglich, wenn die Pflanzen ausreichend Energie nachtanken können. In der Natur ist das in der Regel kein Problem, denn dort herrscht ein weitgehend geschlossener Kreislauf: Pflanzen wachsen, blühen und versamen sich; und wenn sie sterben, werden sie zu fruchtbarem Humus, der den neuen Sämlingen als Nahrung dient.

Der Garten jedoch ist ein künstlicher Lebensraum, in den man immer wieder eingreift, etwa wenn man Sommerblumen im Herbst rodet oder Stauden zurückschneidet. Mit dem Pflanzenmaterial werden aber auch Nährstoffe entfernt, und diese Lücke sollten Sie füllen, indem Sie Ihre Pflanzen düngen.

Dem Kreislaufgedanken folgend kann man Kompost als den natürlichsten Dünger ansehen. Er ist optimal, denn er setzt die enthaltenen Nährstoffe nicht auf einen Schlag frei, sondern nach und nach. Eine besondere Rolle spielt er im Zusammenhang mit Hochbeeten (siehe S. 66). Darüber hinaus verbessert er die Bodenstruktur, sorgt also dafür, dass zum Beispiel genügend Wasser gespeichert wird, ohne dass der Boden dabei vernässt. Man verteilt Kompost traditionell zum Frühjahrsaustrieb auf den Beeten, und zwar etwa 2 Liter pro Quadratmeter im Ziergarten und 3 Liter für Rosen sowie auf Gemüsebeeten.

Besonders hungrige Stauden wie Rittersporn und Phlox erhalten zusätzlich 40 g Hornspäne pro Quadratmeter – aber keinesfalls das berühmt-berüchtigte Blaukorn! Dieser Dünger ist zwar noch immer beliebt, geht aber an den Bedürfnissen der meisten Pflanzen vorbei: Die blauen Kügelchen setzen mehr Nährstoffe auf einen Schlag frei, als den Pflanzen guttut, zumal sie im Hobbygartenbereich meist überdosiert werden. Vor allem der in rauen Mengen enthaltene Stickstoff lässt die Pflanzen rasch verweichlichen und macht sie krankheitsanfälliger. Blaukorn sollte daher höchstens für gefräßige Balkonblumen und Kübelpflanzen wie Petunien und Engelstrompete (*Brugmansia*) verwendet werden (siehe S. 64).

VERSCHWUNDENE TULPEN

Where have all the flowers gone?

NA WUNDERBAR, DA HAT MAN im Herbst stundenlang bei ungemütlichem Wetter auf den Knien im Garten gehockt und Zwiebel für Zwiebel in den kalten Boden gesetzt – und drei Jahre später ist im Frühling nur noch ein Bruchteil der einstigen Pracht zu sehen.

Die Ursache für das enttäuschende Ergebnis liegt häufig in den Sorten: Viele hochgezüchtete Tulpen sind zwar ausgesprochen eindrucksvoll, aber auch sehr kurzlebig. Die Pracht erhalten kann man entweder, indem man jedes Jahr weitere Zwiebeln in den Boden bringt, oder aber, indem man auf Wildtulpen wie *Tulipa fosteriana*, *T. humilis*, *T. kaufmanniana* oder *T. greigii* setzt. Diese halten Ihnen nicht nur über Jahrzehnte hinweg die Treue, sondern breiten sich auch bereitwillig aus.

Wo selbst Wildtulpen auffällig schnell verschwinden, treiben möglicherweise Wühlmäuse ihr Unwesen. Setzen Sie die Zwiebeln zum Schutz in feinmaschige Drahtkörbchen, die Sie selbst basteln oder fertig kaufen können.

STAUDEN STÜTZEN

Kopf hoch!

PFINGSTROSEN (*Paeonia*) zählen zu den herrlichsten Gartenstauden. Viele Sorten wie die leuchtend rosafarbene *Paeonia-Lactiflora*-Hybride 'Sarah Bernhardt' bringen üppig gefüllte, bis zu 20 cm große Blüten hervor. Ein wundervoller Anblick – den man aber manchmal gar nicht recht genießen kann, weil die schweren Blütenköpfe bald gen Boden sinken. Für derartige Blütenschönheiten sind Staudenstützen sinnvoll. Sie bestehen meist aus einem Ring, den man um die Triebe legt und mit in den Boden gesteckten Stützstäben verbindet. Neben Varianten aus Kunststoff oder Metall gibt es auch solche aus Holz und Rohr, die besonders natürlich wirken (siehe S. 154). Verstärken kann man dieses naturnahe Flair noch, indem man die Stützen bereits ins Beet setzt, wenn die Pflanzen noch klein sind, damit sie von selbst in den Ring hineinwachsen. Auch hochgewachsene Stauden wie Rittersporn (*Delphinium*) oder Stockrose (*Alcea rosea*) sind – besonders an windigen Plätzen – für eine solche Unterstützung dankbar.

STAUDEN WERDEN ZU GROSS

Teilen: Aus eins mach zwei

EIN SCHÖNERES KOMPLIMENT kann es eigentlich nicht geben: Stauden, die sich im Garten wohlfühlen, werden mit der Zeit immer attraktiver und erreichen oft eine beeindruckende Größe. Wenn sie beginnen, andere Stauden zu bedrängen, oder ihr Blüheifer nach einigen Jahren nachlässt, ist es jedoch an der Zeit, die Pflanzen zu teilen.

Das Teilen ist eine wunderbare Sache, denn es ist gleichzeitig eine echte Verjüngungskur und gibt den Pflanzen ihre Vitalität zurück. Je nach Art empfiehlt es sich meist alle zwei bis vier Jahre (erkundigen Sie sich am besten schon beim Kauf in Ihrer Gärtnerei), den Ballen der Stauden auszugraben und ihn mithilfe zweier Grabegabeln oder eines scharfen Spatens in zwei oder mehr Stücke zu teilen. Der richtige Zeitpunkt liegt für Sommer- und Herbstblüher im Frühjahr, für Frühlingsblüher im Herbst.

Idealerweise setzen Sie diese Teilstücke nun an neuen Plätzen wieder in die Erde, damit beugen Sie der sogenannten **Bodenmüdigkeit** vor (siehe S. 29). Aber wenn das platztechnisch

oder aus gestalterischen Gründen nicht möglich ist, geht die Welt auch nicht unter. Mit übrig gebliebenen Stücken können Sie zudem Nachbarn oder Freunden eine Freude machen.

Schwertlilien (*Iris*) teilen Sie, indem Sie die fleischigen Rhizome mit einer Grabegabel aus dem Boden heben und dann mit einem scharfen Messer sauber durchschneiden. Setzen Sie es dabei möglichst an einer dünnen Stelle an, um die Wunde klein zu halten, und kürzen Sie anschließend die Blätter um die Hälfte bis zwei Drittel ein. Das reduziert die Verdunstung, bis die Pflanzen wieder richtig eingewurzelt sind.

BLÜTEZEIT VERLÄNGERN

Rückschnitt bringt Fortschritt

ES BLÜHT, ES BLÜHT! Für Gartenfreunde gibt es keinen erhebenderen Moment als den, da die liebevoll umsorgten Stauden und Sommerblumen zum ersten Mal ihre Knospen öffnen. Schließlich ist man mitunter schon seit Tagen ungeduldig um sie herumgepirscht. Ein Trick sorgt dafür, dass es nicht beim ersten Blütenschwung bleibt: Wer Verblühtes regelmäßig ent-

fernt, regt die Pflanze dazu an, immer wieder neue Knospen hervorzubringen. Geranien (*Pelargonium*) beispielsweise haben eine regelrechte Sollbruchstelle, ihre Stängel kann man ganz leicht mit der Hand ausbrechen. Bei Rosen hingegen erfolgt das Ausputzen mit der Schere, die man unter der welken Blüte kurz über dem ersten voll ausgebildeten, also fünfblättrigen Laubblatt ansetzt.

Der Griff zur Schere lohnt sich auch, wenn sich die jeweilige Blütensaison langsam dem Ende entgegenneigt: Wer

Rittersporn, Glockenblume und viele andere Stauden dann etwa 15 cm über dem Boden abschneidet, kann sich vier bis sechs Wochen später über einen zweiten Blütenflor freuen. Danach geht es allmählich in die wohlverdiente Winterpause, während der die trockenen Blütenstände von Sonnenhut (*Rudbeckia*), Brandkraut (*Phlomis*) und Co. für interessante Strukturen im winterlichen Beet sorgen. Zurückschneiden kann man sie immer noch im Frühjahr. Unmittelbar nach der Blüte sollten Sie die Schere hingegen bei Akelei (*Aquilegia*) zur Hand nehmen, damit sie sich nicht zu stark versamt. Tipp: Pflanzen wie Günsel (*Ajuga*), die sich mithilfe von Ausläufern auf Wanderschaft begeben, gebieten Sie Einhalt, indem Sie frühzeitig die Triebe kappen, ehe sie einwurzeln. Unterirdisch **vagabundierende Arten** wie beispielsweise Bambus halten Sie mit einer Rhizomsperre (siehe S. 100) im Zaum. Zitronenmelisse (*Melissa officinalis*), Gold-Felberich (*Lysimachia punctata*) und andere mittelstark wuchernde Spezies können Sie zum selben Zweck mitsamt einem großen Topf oder einem Eimer mit Wasserabzugslöchern in den Boden setzen.

BLÜHFAULE STOCKROSE

Attraktive Spätzünder

NA SUPER, DA HAT MAN sich gefreut, wie prächtig sich die unlängst ausgesäte Stockrose (*Alcea rosea*) entwickelt hat, fieberte der ersten Blüte entgegen, und dann passiert – nichts. Das arme Ding frustriert aus der Erde zu reißen wäre allerdings der größte Fehler, den Sie machen können: Ihre Stockrose hat nicht etwa eine Trotzphase, sondern sie gehört schlicht zur Pflanzengruppe der Zweijährigen, die immer erst im zweiten Jahr blüht. Im ersten konzentrieren sich **Zweijährige** wie Stockrosen, aber auch Marien-Glockenblumen (*Campanula medium*), Vergissmeinnicht (*Myosotis*) und Bart-Nelken (*Dianthus barbatus*) zunächst auf die Bildung von Wurzeln und Blättern, um dann im nächsten Jahr durchzustarten.

Ein Tipp für Ungeduldige: Ab März auf der Fensterbank vorgezogen, blühen viele Zweijährige schon im ersten Jahr.

UNKRAUT TROTZ HACKEN

Probleme an der Wurzel packen

»REGELMÄSSIGES HACKEN ist das beste Mittel gegen Unkraut«, bekommt man immer wieder zu hören. Das stimmt – und auch wieder nicht, denn Unkraut ist nicht gleich Unkraut. Und darum liegt mancher Hobbygärtner ganz richtig, wenn er das Gefühl hat, der nervige Giersch beispielsweise werde mit den Jahren eher mehr denn weniger. Giersch gehört nämlich zu den sogenannten Wurzelunkräutern, und die haben die fiese Eigenschaft, dass aus jedem Rhizomfitzelchen im Boden eine neue Pflanze entstehen kann. Wer mit der Hacke gegen Wurzelunkräuter antritt, hat daher schon verloren: So wie der Hydra in der griechischen Mythologie für jeden abgeschlagenen Kopf zwei neue Köpfe wachsen, vermehrt sich auch der Giersch mit jedem Zerhackstückeln noch ein bisschen mehr.

Wurzelunkräuter, zu denen auch Acker-Kratzdistel, Brennnessel und Acker-Schachtelhalm gehören, bekommt man daher am besten in den Griff, wenn man sie mit möglichst intakten Wurzeln aus der Erde zieht. Am besten gelingt das mithilfe einer Grabegabel, für den Giersch gibt es sogar spezielle Gierschgabeln, an deren gekrümmten Zinken die Rhizomstränge leicht hängen bleiben.

Wo keine Wurzelunkräuter in Sicht sind, ist Hacken hingegen nicht nur erlaubt, sondern sogar erwünscht. **Samenunkräutern** nämlich, zu denen etwa Gänsefuß, Hirtentäschel und Vogelmiere gehören, geht durch die kontinuierliche Bodenbearbeitung schnell die Puste aus – sie können einfach nicht in Ruhe keimen und kommen entsprechend auch nicht zur Blüte. Dadurch werden sie von Jahr zu Jahr weniger.

Viele Unkräuter sind echte Delikatessen, zum Beispiel als Giersch-Pesto, Löwenzahn-Salat oder Brennnessel-Suppe. Alternativ können Sie beispielsweise aus Brennnesseln einen stärkenden Auszug herstellen. Etwa 1 kg Nesseln grob zerkleinern, mit 5 Litern kaltem Wasser übergießen und einen Tag ziehen lassen. Abseihen und in eine Spritzflasche füllen.

SAMEN RICHTIG ERNTEN

Nachwuchs mit eigenem Kopf

OB KAPUZINERKRESSE (*Tropaeolum*), Mohn (*Papaver*) oder Ringelblume (*Calendula*), zahlreiche attraktive Blumen laden regelrecht zur Samenernte ein. Wenn die Samenkapseln allmählich abtrocknen, ist bei vielen Arten der Zeitpunkt der Ernte gekommen. Das abgesammelte Saatgut füllen Sie in beschriftete Papiertütchen oder nicht mehr benötigte Filmdosen und lagern sie kühl und trocken. So kann man sich gleich doppelt auf die Aussaat im nächsten Jahr freuen – schließlich hat man gerade bares Geld gespart.

Mindestens ebenso groß wie die Vorfreude ist allerdings oft die Verwunderung, wenn sich aus dem Saatgut Pflanzen entwickeln, die äußerlich ganz anders aussehen als diejenigen, von denen man die Samen im vergangenen Jahr geerntet hatte. Des Rätsels Lösung findet sich im Erbgut. Bei vielen Hochleistungssorten, etwa Blumen mit besonders großen Blüten oder Gemüse, die besonders hohe Erträge bringen, wenden die Züchter einen Trick an: Sie kreuzen zwei verschiedene reinerbige Elternpflanzen. Heraus kommt eine Hybride, die weit bessere Eigenschaften besitzt als ihre Eltern.

Aber nur eine Saison lang: Oft sind solche Hybriden ohnehin steril, bringen also keine keimfähigen Samen hervor. Wenn sie aber dazu in der Lage sind, spalten ihre Nachkommen wieder in die beiden ursprünglichen Sorten auf, und der positive Effekt geht verloren. Deshalb ist das Saatgut von Hybridsorten oft auch besonders teuer: Die Züchter müssen die Elternpflanzen schließlich jedes Jahr von Neuem miteinander kreuzen, um daraus die Hochleistungssamen zu gewinnen.

Wer selbst Saatgut ernten möchte, sollte sich daher immer nach »samenechten« oder »**samenfesten**« Sorten erkundigen. Bei ihnen haben die Nachkommen auch in der fünften und sechsten Generation noch dieselben Eigenschaften wie ihre Eltern und Urgroßeltern. Wer Angst hat, dass sich die Samen vorzeitig im Garten verteilen, bindet Säckchen aus Gaze um die heranreifenden Fruchtstände. Das empfiehlt sich auch für Arten, die ihre reifen Samen wegschleudern, zum Beispiel den Storchschnabel.

KATZENBESUCH

Ungewollte Katerstimmung

Katzen sind niedlich – ihre Hinterlassenschaften nicht. Dennoch müssen Sie es in der Regel hinnehmen, wenn die Katze Ihres Nachbarn Ihren Garten besucht, da das Umherstreifen zur Natur des Tiers gehört. Von diesem Standpunkt weichen Gerichte nur in Ausnahmefällen ab. Sollte der Stubentiger allerdings nachweislich Fische aus Ihrem Gartenteich mopsen oder Kratzer auf dem Auto im Carport hinterlassen, können Sie vom Besitzer des Tiers Schadenersatz fordern.

Selbst Katzenbesitzer empfehlen folgenden Trick zur Abschreckung: Legen Sie eine »geladene« Wasserpistole neben die Terrassentür. Katzen, die regelmäßig einen (nicht zu harten) Strahl abbekommen, meiden das Grundstück vorerst. In der Richtigkeit dieser Entscheidung bestärken können Sie die Samtpfoten, indem Sie ihnen den Zugang zum Garten mit einer Hecke aus attraktiven, aber dornigen Sträuchern wie Wildrosen (zum Beispiel *Rosa multiflora* oder *R. spinosissima*), Schlehen (*Prunus spinosa*) oder Berberitzen (*Berberis*) erschweren. Oder Sie pflanzen Stauden, deren Geruch ihnen zuwider ist. Weinraute (*Ruta graveolens*) beispielsweise mögen viele Katzen gar nicht, aber auch Arten mit zitrusartigem Duft wie Zitronenmelisse (*Melissa officinalis*) und Zitronen-Thymian (*Thymus citriodorus*) kommen infrage sowie natürlich die berühmte Verpiss-Dich-Pflanze (*Coleus canina*). Nicht vergessen: Arten entfernen, die Katzen geradezu magisch anziehen, wie Katzenminze (*Nepeta*) und Baldrian (*Valeriana officinalis*).

Ganz verhindern kann man es kaum, dass hin und wieder Katze oder Kater zu Besuch im Garten vorbeischauen. Ersparen Sie sich zusätzlichen Ärger, indem Sie beispielsweise den Sandkasten von Kindern oder Enkelkindern nach dem Spielen mit einer Holzplatte abdecken. Dadurch ist die Spielstätte vor unliebsamen Hinterlassenschaften geschützt. Vogelfreunde können unterhalb – falls nötig, auch oberhalb – von Nistkästen einen Kranz aus waagerecht abstehenden Drahtstiften als Katzenabwehrgürtel anbringen.

DAHLIEN WERDEN SCHWARZ

Frostbeulen ade

DAHLIEN GEHÖREN ZWEIFELSOHNE zu den prächtigsten Bauerngartenblumen, die man sich vorstellen kann. Wer bislang noch keine Erfahrungen mit den farbenfrohen Knollenpflanzen gesammelt hat, bekommt allerdings einen gehörigen Schrecken, wenn er morgens in den Garten tritt und die am Vortag noch wunderschönen Blüten und das knackig-frische Laub schwarzbraun und unansehnlich geworden sind.

Ein Blick auf das Thermometer verrät die Ursache: Der erste Frost hat dem herbstlichen Spektakel ein jähes Ende gesetzt. Zum Glück sind die Dahlienknollen härter im Nehmen als Blätter und Blüten, zumal in den ersten kalten Nächten nur selten Bodenfrost zu befürchten ist. Nehmen Sie die schlappen Blätter daher als Erinnerung dafür, dass es nun an der Zeit ist, die Dahlien ins Winterquartier zu bringen. Dafür schneiden Sie Laub und Blütenstängel zunächst etwa 5 cm über dem Boden ab, nehmen die Knollen aus der Erde und versehen sie mit Schildchen, auf denen Sie den Sortennamen oder Blütenfarbe und Größe notiert haben. Nachdem die fleischigen Speicherorgane einige Tage an einem warmen, trockenen Platz antrocknen durften, entfernen Sie noch anhaftende Erdreste und kontrollieren die Knollen auf ihre Unversehrtheit.

Beschädigte Exemplare werden entsorgt, bei kleineren Faulstellen lohnt sich ein Rettungsversuch: Schneiden Sie das gammelnde Gewebe heraus und bestäuben Sie es mit desinfizierendem Holzkohlepulver (oder Aktivkohle aus der Apotheke). Beschädigte Knollen sollten Sie aber unbedingt getrennt von den gesunden Dahlien lagern, am besten auf einem Drahtgitter. Im Winterquartier ist es idealerweise dunkel, trocken und frostfrei, aber nicht wesentlich wärmer als 5 °C, da die Knollen sonst vorzeitig austreiben könnten.

Profis packen die Knollen in Holzkisten (Plastikkisten schwitzen zu sehr), die man mit trockenem Sand befüllt. In diesem Bett schlummern die Dahlien bis ins nächste Jahr hinein, wenn sie nach den Eisheiligen wieder ins Beet dürfen.

GARTEN EXTRA

Flower-Power in der Vase

Wer möglichst lange Freude an einem Blumenstrauß haben möchte, darf die Blüten nicht zu früh und nicht zu spät ernten – denn im einen Fall bleiben sie in der Vase geschlossen, im anderen ist die Pracht allzu rasch wieder verwelkt. Als Faustregel gilt: Bei Rosen greifen Sie zur Schere, sobald Sie durch die Hüllblätter die Blütenfarbe erkennen können. Damit Rittersporn und andere Arten mit kerzenförmigen Blütenständen in der Vase sicher erblühen, sollte rund ein Drittel der Knospen bereits geöffnet sein. Ähnliches gilt für Korbblütler wie Astern oder Sonnenhut: Sind zwei bis drei Reihen der winzigen Röhrenblüten aufgegangen, hält der Blütenschmuck in der Vase besonders lang. Schafgarbe, Schleierkraut und Feinstrahlastern hingegen verharren in dem Zustand, in dem sie geerntet werden. Entsprechend sollten zum Schnittzeitpunkt möglichst viele Blüten geöffnet sein, bei Storchschnabel

zumindest deutlich mehr als die Hälfte.

Auch die Tageszeit, zu der Sie die Blüten schneiden, beeinflusst die Lebensdauer des Straußes: Der optimale Erntezeitpunkt ist am frühen Vormittag, wenn der Tau gerade abgetrocknet ist, denn jetzt sind die Pflanzen besonders prall und knackig. Ehe die Blumen in die Vase kommen, entblättern Sie die Stiele im unteren Bereich, damit möglichst wenig Pflanzenteile Kontakt mit dem Wasser haben. Dann schneiden Sie die Stiele mit einem scharfen, sauberen Messer schräg an, dadurch vergrößern Sie die Fläche, über die die Pflanzen Wasser aufnehmen. Narzissen sollten übrigens einen Tag lang in einer separaten Vase stehen, ehe sie sich zu anderen Schnittblumen gesellen dürfen: Sie sondern nämlich Milchsaft ab, der die Pflanzengefäße verstopfen kann, und müssen erst »ausschleimen«.

Für alle Schnittblumen gilt: Versetzen Sie das

Vasenwasser mit einem Blumenfrischhaltemittel. Die in granulierter oder flüssiger Form erhältlichen Mittel haben sich auch in den kritischen Tests unabhängiger Prüfer bewährt und verlängern die Haltbarkeit der Blumen um 20 bis 50 Prozent. Vorausgesetzt, der Strauß steht nicht neben einer Obstschale: Insbesondere Äpfel verströmen das Reifegas Äthylen. Es lässt nicht nur anderes Obst schneller reifen, sondern auch Blüten rasch verwelken. Also den Strauß möglichst weit entfernt aufstellen – und nachts generell am besten in einen kühlen Raum. Nicht vergessen: Die Vase sollte nach jedem Einsatz sehr sorgfältig gereinigt werden, um sie von Bakterien zu befreien. Unempfindliche Glasvasen stellen Sie dazu am besten in die Spülmaschine. Tipp: Ersetzen Sie den klassischen Blumenstrauß doch mal durch ein Gesteck, auf diese Weise halten viele Schnittblumen noch deutlich länger.

GEMÜSE & KRÄUTER

Maximaler Genuss ist das Ziel aller Gemüse- und Kräuterfans. Und zu diesem Motto passen weder bittere Gurken noch aufplatzende Tomaten. Hier erfahren Sie, wie die Gemüsezucht von Anfang an zum Erfolg wird und daneben auch gleich noch die passenden Gewürze gedeihen. Schließlich schmeckt nichts so gut wie Gemüse und Kräuter, denen man höchstpersönlich beim Wachsen zugeschaut hat.

BODEN AUFPEPPEN

Fitnessprogramm fürs Beet

WER EINEN KLEINEN GARTEN sein Eigen nennt – egal, ob am Wohnhaus, in der Schrebergartenkolonie oder zusammen mit Freunden auf einem Stück städtischen Grabeland – kann sich glücklich schätzen, denn die größte Hürde zum Paradies ist somit schon genommen. Lassen Sie sich jetzt nicht ins Bockshorn jagen, wenn gartenerfahrene Bekannte beim ersten Besuch mit sorgenvollen Gesichtern durch den Garten streifen und »Oje, oje, dieser Sandboden« vor sich hin murmeln.

Wie so vieles im Leben ist nämlich auch im Garten alles eine Frage des Blickwinkels – und die Natur kennt sowieso keinen guten oder schlechten Boden. Die größte Pflanzenauswahl hat man beim Gemüse allerdings zugegeben, wenn man sich bodentechnisch in der goldenen Mitte bewegt, nämlich auf sandigem Lehmboden oder lehmigem Sandboden. (Wobei der Unterschied hier schlicht in den unterschiedlichen Anteilen von Sand und Lehm besteht.) Die gute Nachricht: Mit dem passenden Fitnessprogramm können Sie Ihren Gartenboden verbessern. Sandboden beispielsweise speichert Wasser und Nährstoffe besser, wenn Sie großzügig Kompost in den Boden einarbeiten, der oft kostengünstig beim städtischen Garten- oder Grünflächenamt erhältlich ist. Auch schwerer Boden – erkennbar daran, dass er schnell Klumpen bildet und sich im nassen Zustand gut formen lässt – profitiert von dem wertvollen Humus. In Kombination mit reichlich Sand sorgt voer für eine bessere Krümelstruktur und einen leichteren Wasserabzug – Staunässe ade.

Wem das alles zu anstrengend ist, der setzt auf eine andere Strategie und sucht sich schlicht die Pflanzenarten heraus, die von Natur aus gut mit den gegebenen Bodenverhältnissen klarkommen. Sandige Böden beispielsweise wissen zahlreiche mediterrane Kräuter sehr zu schätzen, auch Kartoffeln, Erbsen und Wurzelgemüse gedeihen hier vorzüglich, und Kohlgewächse leiden seltener unter der Krankheit Kohlhernie. Freunde süßer Früchte dürfen sich ebenfalls freuen, denn Süßkirschen kommen auf durchlässigen Böden ebenso gut zurecht wie viele Tafeltraubensorten. Und wo noch ein Eckchen für ein Blumenbeet frei ist, finden Küchenschellen (*Pulsatilla*), Bart-Nelken (*Dianthus barbatus*), Bart-Iris (*Iris barbata*) und viele Steingartenpflanzen ein neues Zuhause.

Sie haben mit dem genauen Gegenteil zu kämpfen, nämlich mit schwerem Boden, der gerne mal in Klumpen an den Schuhen hängt? Hier fühlen sich Busch-Bohnen (*Phaseolus vulgaris var. nanus*) und Lauch ebenso wohl wie Rhabarber (*Rheum rhabarbarum*) und Holunder (*Sambucus*), Rosen, Sonnenhut (*Rudbeckia*) und Taglilien (*Hemerocallis*). Die anpassungsfähige Kartoffel ist übrigens ein Geheimtipp für schwere Böden, denn sie hinterlässt den Boden deutlich feinkrümeliger, als sie ihn vorfand. Selbst auf Beerenobst, Kirschen und Zwetschgen brauchen Sie nicht zu verzichten: Auf kühle Lehmböden sind diese Arten zwar nicht so gut zu sprechen, aber gerade die schlanken **Säulenobstformen** gedeihen auch in großen Pflanzkästen und -kübeln.

PAPRIKA BLEIBEN KLEIN

Frühstart auf der Fensterbank

TOMATEN HAT JA MITTLERWEILE fast jeder im Garten – aber eigene Paprika oder Auberginen ernten, das wäre doch mal was! Eines allerdings sollte man vorher wissen, um sich Enttäuschungen zu ersparen: Die beiden Fruchtgemüse sind extrem wärmebedürftig. Wo dieser Anspruch nicht erfüllt wird, wachsen sie noch langsamer, als es ohnehin schon in ihrer Natur liegt, und tragen nur wenige und auffallend kleine Früchte.

Eine sichere Methode ist der Anbau im Gewächshaus. Wer in einer klimatisch günstigen Region wohnt, beispielsweise im Bodenseegebiet oder im Rheinland, kann aber auch den Freilandanbau wagen. Damit die Pflanzen in den hierzulande vergleichsweise kurzen Sommern überhaupt Früchte bilden, ist es zwingend notwendig, sie vorzuziehen. Und zwar bei nicht weniger als 23–25 °C, sonst keimen die Samen nicht oder nur zögerlich. Das Problem: Damit die Pflanzen genug Zeit bekommen, um zu fruchten, sollte man mit der Aussaat idealerweise schon im Februar starten – also zu einer Zeit, in der der Lichteinfall selbst auf der Fensterbank oft noch nicht ausreicht, um robuste Jungpflanzen heranzuziehen. Die Lösung für alle, die kein Panoramafenster mit Südausrichtung zur Verfügung haben: Legen Sie sich eine Anzuchtlampe zu, die Ihren Sämlingen einen herrlichen Sommertag vorgaukelt – oder kaufen Sie im Mai einfach fertig vorgezogene Jungpflanzen.

Und zwar wirklich erst im Mai, denn wie alle Fruchtgemüse sind Paprika und Auberginen sehr frostempfindlich und dürfen erst nach den Eisheiligen in die mit Kompost und Hornspänen vorgedüngten Beete umziehen. Gut geeignet ist beispielsweise ein Platz auf der Südseite des Hauses – gerne nahe an einer Wand, die sich durch die Sonneneinstrahlung aufheizt. Für noch mehr Wärme sorgen Sie, indem Sie die Pflänzchen in eine schwarze Mulchfolie mit Pflanzschlitzen setzen. Praktisch:

Die Folie heizt den Boden auf und verringert dazu auch die Verdunstung, was den durstigen Fruchtgemüsen sehr entgegenkommt. Wenn Sie die Erde nicht austrocknen lassen und die Pflanzen alle zwei Wochen mit einer zusätzlichen Portion Flüssigdünger im Gießwasser verwöhnen, stehen die Chancen auf eine reiche Ernte gut.

Kneifen Sie im Mai die erste Blütenknospe aus. Indem Sie diese Königsknospe an der Spitze des Leittriebs opfern, regen Sie die Verzweigung an, und die Pflanze entwickelt besonders viele Früchte. Hohe Sorten mit Bambusstäben stützen.

KRÄNKELNDE KEIMLINGE

Pause im Kräuter-Kindergarten

MANCHMAL SCHEINEN sich Sämlinge dem Motto »Schwach anfangen und dann stark nachlassen« verschrieben zu haben: Nachdem sie sich endlich durch die Erde geschoben haben, legen sie eine nicht enden wollende Wachstumspause ein, bekommen gelbe Blätter

oder kippen um und vertrocknen – aber warum? Ebenso eindeutig wie ernüchternd ist die Diagnose im letztgenannten Fall, diese Sämlinge hat vermutlich die »Umfallkrankheit« ereilt, die durch Bodenpilze hervorgerufen wird. Hier bleibt einem nicht viel mehr übrig, als die Keimlinge samt Erde zu entsorgen, die Saatschalen gründlichst zu reinigen und noch einmal neu zu starten.

Legen bislang gut gewachsene Sämlinge mit einem Mal einen Wachstumsstopp ein, stehen sie möglicherweise zu eng beieinander oder leiden unter Nährstoffmangel. Tomaten beispielsweise sollte man zwar wie alle Pflanzen zunächst in nährstoffarme Aussaaterde oder mit Sand abgemagerte Blumenerde säen, da sie aber schon im zarten Sämlingsalter ausgesprochen hungrig sind, brauchen sie anschließend rechtzeitig Futternachschub. Bei zu engem Stand konkurrieren die Sämlinge zudem nicht nur um Nährstoffe, sondern auch um Licht und ausreichend Beinfreiheit – **Umtopfen** wirkt in diesen Fällen wie ein Turbolader.

Gelbe Blätter können ebenfalls ein Zeichen für Nährstoffmangel sein, der sich durch Umtopfen oder etwas Flüssigdünger im Gießwasser rasch ausgleichen lässt. Möglicherweise stehen die Pflanzen aber auch zu nah an einer kalten Fensterscheibe. Rücken Sie die Aussaatgefäße gegebenenfalls ein Stück vom Fenster weg, und legen Sie zusätzlich eine Styroporplatte unter die Aussaatschalen. Grundsätzlich gilt: Vermeiden Sie Schwankungen in der Keimtemperatur und in der Bodenfeuchte, damit möglichst robuste Sämlinge heranwachsen. Vor allem bei Tomaten und Paprika sollte das Substrat immer gleichmäßig feucht sein.

SORTENVIELFALT

Experimentieren erlaubt

OB STRAUCHTOMATEN, Fleischtomaten, Cocktailtomaten: Die Auswahl im Supermarkt fällt nicht schwer, so begrenzt ist das Angebot, nach Sortennamen muss man sich hier erst gar nicht erkundigen. Auf dem Wochenmarkt gibt es häufig schon ein bisschen mehr zu entdecken. Doch auch das ist nichts im Vergleich zu der Vielfalt, die man im eigenen Garten erleben kann: Die Farbpalette reicht von Rot, Gelb und Grün über Orange bis hin zu fast schwarzen oder gestreiften Sorten. Und neben der bekannten runden Form gibt es ovale und spitz zulaufende Exemplare, birnen- oder kürbisförmige und solche, die bizarr geknubbelt sind. Auch geschmacklich eröffnen sich ganz neue Welten, und so verwundert es nicht, dass viele Hobbygärtner nach den ersten Experimenten zu Tomatoholics werden, die eifrig neue Sorten ausprobieren und für die Supermarktware nur noch verächtliche Blicke übrig haben.

Doch nicht nur bei den Tomaten ist das Sortenangebot ungleich größer, als man gemeinhin vermuten würde (Bezugsquellen S. 154): Ob gelber Mangold oder lilafarbener Kohlrabi, rot-weiß geflammte Bohnen oder purpurfarbene Möhren, schwarze Paprika, blaue Kartoffeln oder leuchtend violetter Blumenkohl, bei fast allen Gemüsearten haben Sie die (äußerst angenehme) Qual der Wahl – und wer das nicht ausnutzt, ist selber schuld.

Wählen Sie am besten sortenechte Varianten (siehe S. 18), von denen Sie selbst Samen gewinnen können, und tauschen Sie mit Freunden oder via Internet Saatgut aus. Auf diese Weise können Sie für kleines Geld viele verschiedene Spielarten ausprobieren und bekommen zudem wertvolle Tipps zu den jeweiligen Sorten. Manch alte Sorte ist im normalen Handel auch gar nicht mehr erhältlich.

STRUPPIGER LAVENDEL

Scherenschnitt mit Augenmaß

KAUM EIN DUFT WIRKT so entspannend wie das intensive Parfum des Lavendels, schon deshalb sollte er in keinem Garten fehlen. Zur großen Freude des Gärtners ist der genügsame Halbstrauch, der Sonne und nährstoffarmen Boden liebt, auch ausgesprochen attraktiv – als einzelnes Schmuckstück im Beet ebenso wie als Einfassungspflanze für prächtige Staudenrabatten. Lässt man ihn allerdings einfach so vor sich hin wachsen,

vergreist er rasch: Die Triebe verkahlen von der Basis ausgehend immer mehr, der Strauch fällt mit der Zeit auseinander und verliert seine schöne Form.

Hat diese Entwicklung bereits eingesetzt, ist es höchste Zeit zu handeln, denn Lavendel verträgt keine Radikalkuren, und man sollte ihn eigentlich niemals bis ins alte Holz zurückschneiden. Bei sehr stark vergreisten Exemplaren bleibt einem allerdings nichts anderes übrig, als genau das zu versuchen und zu hoffen, dass sich die Pflanze danach wieder erholt. Um die Überlebenschancen zu erhöhen, schneiden Sie im Frühjahr nur die ältesten Triebe relativ nah am Stamm weg – am besten oberhalb einer vorhandenen Verzweigung, damit noch genügend belaubte Triebe für die lebensnotwendige Fotosynthese bleiben. Eine Portion Kompost sorgt für Nährstoffnachschub.

Im Idealfall lassen Sie es gar nicht erst so weit kommen, dass Sie einen radikalen **Rückschnitt** in Erwägung ziehen müssen. Regelmäßig in Form gebracht, präsentiert sich Lavendel nämlich auch nach Jahren noch mit herrlich duftenden Blüten, dichter Belaubung und kompaktem Wuchs. Zweimal jährlich sollten Sie zu diesem Zweck zur Schere greifen: Im Frühjahr kürzen Sie die Triebe um zwei Drittel und nach der Blüte noch einmal um ein Drittel. Tipp: Am leichtesten geht der Lavendelschnitt mit einer Heckenschere von der Hand.

SCHWÄCHELNDE KRÄUTER

Power für die Petersilie

KRÄUTER SIND LECKER und stecken voller Vitamine – nur scheinen sie selbst von dieser Kraft manchmal nicht zu profitieren: Die Petersilie etwa, die im vergangenen Jahr noch einen prächtigen Eindruck machte, kümmert im nächsten Jahr oft nur vor sich hin, bekommt gelbe Blätter und stirbt schließlich ganz ab. Die Ursache dafür ist häufig ein Phänomen, das auch andere Pflanzengruppen betrifft, nämlich die sogenannte **Bodenmüdigkeit**. Insbesondere die Familie der Doldenblütler, zu denen die Petersilie gehört, reagiert extrem empfindlich, wenn sie mehrere Jahre hintereinander auf demselben Platz wächst. Ähnlich ergeht es beispielsweise Rosen im Ziergarten.

Oft sind Bodenpilze, Bakterien oder winzige Fadenwürmer, sogenannte Nematoden, schuld daran, wenn Wuchs- und Blühfreudigkeit deutlich nachlassen oder Samen nicht richtig aufgehen wollen. Sie treten umso zahlreicher im Boden auf, je länger die Pflanzen am selben Platz wachsen, deshalb sollten möglichst nie Arten derselben Familie nacheinander angebaut werden. Im Fall der Petersilie bedeutet das: Nachdem sie ihren zweijährigen Lebenszyklus vollendet hat, sollten Sie an dem alten Standort vier Jahre lang weder Petersilie noch andere Doldenblütler wie beispielsweise Dill oder Möhren aussäen. Für die Petersilie selbst findet sich im Beet bestimmt ein neuer Platz.

Bei schlappem Basilikum hingegen ist es meist der Grauschimmelpilz *Botrytis cinerea*, der dem Gärtner einen Strich durch die Rechnung macht und nach und nach die Stängel zum Absterben bringt. Wie alle Pilze fühlt sich auch *Botrytis cinerea* in einem stets leicht feuchten Umfeld besonders wohl. Da man Basilikum ohnehin meist im Topf zieht, können Sie einem Befall vorbeugen, indem Sie ihn über den Untersetzer gießen, wodurch Blätter und Erdoberflä-che trocken bleiben. Auch ein warmer Standort trägt zur Gesunderhaltung bei. Etwa 15–20 °C sollten es für diesen mediterranen Gast schon sein, denn bei zu niedrigen Temperaturen sinkt seine Widerstandsfähigkeit gegenüber Schad-erregern. Selbst gezogene Pflänzchen sind übrigens in der Regel deutlich ro-buster als die im Supermarkt gekauften. Tipp: Saftig grüne Kräuter wie Peter-silie und Schnittlauch brauchen mehr Nährstoffe als hartlaubigere mediterra-ne Arten wie Thymian und Rosmarin. Manchmal vertreibt schon ein bisschen Kompost die gelben Blätter.

TOMATEN FRUCHTEN NICHT

Der Natur auf die Sprünge helfen

ES IST WIE EIN NICHT gehaltenes Ver-sprechen: Wundervoll anzusehen ste-hen die Tomaten im Beet, Topf oder Gewächshaus, vor Kraft strotzend und über und über mit leuchtend gelben Blüten übersät – und doch gönnen sie uns nicht einmal auch nur einen ein-zigen Fruchtansatz. Das verblüfft vor allem deshalb, weil Tomaten zu den Selbstbefruchtern gehören: Wo eine Blüte prangt, da wird eine Frucht fol-gen, sollte man meinen. Kopfschüt-telnd steht da so mancher Tomatenfan vor den geliebten Gewächsen und be-zichtigt sie des Verrats – dabei genügt es oftmals schon, anstelle des eigenen Kopfes ein wenig die Tomatenpflanzen zu schütteln, um sie zum Fruchten zu bringen. Etwas Bewegung brauchen die Blüten nämlich, damit der Pollen von den Staubgefäßen auf die Narbe gelangt.

Und darin liegt denn auch der Grund für die Verweigerungshaltung: Toma-ten, die in bester Absicht an einen be-sonders windgeschützten Platz gestellt wurden oder unter einem Tomatendach oder im Gewächshaus wachsen, fehlt manchmal der nötige Schwung. Wer seine Pflanzen jeden Tag einmal sanft schüttelt, wird schon bald die ersten Fruchtansätze entdecken. Am effektivsten ist das Schütteln übrigens um die Mittagszeit beziehungsweise wenn die Sonne schon ein Weilchen geschienen hat, da die Blüten dann in der Regel am weitesten geöffnet sind. In besonders hartnäckigen Fällen kann es sich lohnen, die einzelnen Blüten sanft zu drücken – wenngleich diese Methode ein wenig zeitaufwendig ist und sich daher nur für eine überschaubare Zahl von Pflanzen eignet.

Wer ein größeres Gewächshaus sein Eigen nennt, sollte sich die Anschaffung eines Hummelvolkes überlegen. Infos gibt es im Internet (siehe S. 154). Die liebenswerten Brummer verpassen den Blüten von Tomaten, Gurken und Co. beim Nektarschlürfen eine regelrechte Vibrationsmassage. Auch im Garten lohnt es sich, die dickpelzigen Insekten zu fördern, denn sie fliegen im Gegensatz zu Bienen auch an kühlen Tagen und bei feuchter Witterung von Blüte zu Blüte.

GEMÜSE BLEIBT WINZIG

Von XXS zu XXL

MINIATURGEMÜSE pflanzt man mitunter ja mit voller Absicht, etwa wenn man nur wenig Platz zur Verfügung hat wie beim Gärtnern in Töpfen und Kübeln (siehe S. 57ff). In allen anderen Fällen aber sorgen Fleischtomaten, die nicht über die Größe von Cocktailsorten hinausgehen, eher für Enttäuschung denn für Freude, und Rosenkohl, der einem

gerade mal bis ans Knie reicht, während der des Nachbarn schon Hüfthöhe hat, weckt die unedelsten Gefühle.

Die geringe Fruchtgröße beziehungsweise der Zwergenwuchs kann unterschiedliche Ursachen haben, denen aber erfreulicherweise gleich gut abzuhelfen ist. Wer sich gerade erst an das Gärtnern herantastet, vergisst oft schlicht, seine Pflanzen ausreichend zu füttern. Arbeiten Sie also im Frühjahr eine ordentliche Portion Kompost in die Erde ein – mit 3 Liter je Quadratmeter sind Sie gut bedient – und gönnen Sie Starkzehrern wie Tomaten und Kürbissen und Wintergemüsen wie Rosenkohl im Juni noch je einen Esslöffel Hornspäne. Pflanzen, die bereits Früchte angesetzt, aber bislang noch gar keinen Dünger gesehen haben, können Sie den Rest der Saison mit Flüssigdünger versorgen. Mischen Sie ihn einfach einmal wöchentlich ins Gießwasser mischen.

Bei Tomaten gibt es zudem einen einfachen, aber effektiven Trick, um große Früchte ernten zu können: Knipsen Sie mit den Fingern die sogenannten **Geiztriebe** aus. Als solche bezeichnen Gärtner alle Seitentriebe, die sich aus den Seitenachseln des Haupttriebs schieben. Auf den ersten Blick scheinen solche Triebe eine Supersache zu sein, schließlich bilden sie nach einiger Zeit ebenfalls Blüten und damit noch mehr Früchte. Aber jedes Blatt, jede Blüte und jede Frucht kostet die Pflanze Kraft – und die ist begrenzt. Je früher Sie Ihre Tomaten daher entgeizen, umso besser, denn kleinere Triebe hinterlassen auch kleinere Wunden, und damit sinkt das Risiko, dass Krankheitserreger in die Pflanze eindringen.

Wer besonders große Kürbisse ernten möchte, beispielsweise zum Schnitzen zu Halloween, lässt nur zwei oder drei Früchte ausreifen. Die jedoch werden dann echte Riesen.

GURKEN WERDEN BITTER

Kühles Nass für Hitzköpfe

EINE KNACKIGE GURKE mit ein bisschen Salz mundet besonders an heißen Sommertagen vorzüglich, denn mit seinem hohen Wasseranteil ist das leckere Fruchtgemüse der perfekte Durstlöscher. Vorausgesetzt, die Gurke selbst hat während ihrer Wachstumsphase keinen Durst gelitten, denn Wassermangel kann das Fruchtfleisch bitter bis zur Ungenießbarkeit werden lassen. Diese Gefahr droht auch beim Gießen mit zu kaltem Wasser – kein Wunder, wer ist nach einem überraschenden kalten Guss schon gut gelaunt. Daraus folgt: Gießen Sie Ihre Schützlinge regelmäßig, und zwar am besten mit Regenwasser aus dem Sammelbehälter anstelle von kaltem – und oft sehr kalk-haltigem – Leitungswasser.

Eine ausgewogene Wasserversorgung ist auch für Tomaten sehr wichtig: Bekommen sie nach längerer Trockenheit endlich das lang ersehnte Nass, bilden sich häufig Risse in der Haut, und die **Tomaten platzen** auf. Solchermaßen beschädigte Exemplare sollten Sie umgehend pflücken, da die Risse potenzielle Eintrittspforten für Krankheitserreger darstellen. Außerdem sollten Sie künftig darauf achten, Ihre grünen Mitbewohner rechtzeitig mit frischen Drinks zu versorgen.

Eine Regentonne ist schnell aufgestellt – aber in trockenen Sommern auch rasch wieder leer. Wer seinen Garten ohnehin umgestalten möchte, sollte die Gelegenheit nutzen und über eine Regenwasserzisterne nachdenken. Solche Zisternen werden in unterschiedlichen Größen angeboten und im Boden versenkt, bis auf die Entnahmestelle sind sie also unsichtbar. Bei der Größe gilt es, sowohl den Wasserbedarf als auch die Niederschlagsmengen vor Ort zu bedenken, damit die Zisterne auch voll wird. Lassen Sie sich am besten von einem Fachmann beraten.

BEET ABGEERNTET

Ab in die zweite Runde

DA HAT MAN DEN SALAT – beziehungsweise da hatte man ihn, denn mittlerweile ist auch der letzte knackige Kopf geerntet, und leere Reihen klaffen im Gemüsegarten. Mit diesem trostlosen Anblick sollten Sie sich nicht abfinden, sondern schleunigst überall nachlegen, wo sich Lücken im Beet auftun. Das hat nicht nur den Vorteil, dass Sie mehr ernten können: Auf bewachsenen Flächen siedelt sich auch weniger Unkraut an als auf offenem Boden.

Je früher Sie in die Gemüsesaison gestartet sind, desto größer ist jetzt die Auswahl für die zweite Runde. Porree und Kohlgewächse wie Brokkoli und Wirsing, Grünkohl und Rosenkohl können Sie auch im Juli noch pflanzen. Bei der Aussaat stehen Ihnen ebenfalls noch viele Möglichkeiten offen: Bohnen, Möhren, Kohlrabi, Herbst- und Winterporree, Winterrettich und Spinat beispielsweise werden noch rechtzeitig reif, wenn Sie das Saatgut im Laufe des Juli in den Boden bringen.

Ab August liegt der Fokus auf Gemüsearten mit kurzer Kulturzeit. Gekaufte Kohlrabipflänzchen etwa können Sie noch bis Mitte August pflanzen. Und die Aussaat von Blitzstartern wie Kresse, Radieschen, Mangold, Rauke, Spinat und diversen Salaten lohnt sich selbst Mitte September noch (siehe S. 38). Auf diese Weise können Sie vom selben Beet in einem Jahr locker dreimal ernten – hoffentlich sind Tiefkühler und Speisekammer groß genug.

Vielleicht haben Sie es bei der ersten Erntewelle schon bemerkt: Wer viel auf einmal sät oder pflanzt, hat ein paar Wochen später auch entsprechend viel Gemüse auf einmal im Korb. Damit es nicht in Stress ausartet, all die Köstlichkeiten zu verarbeiten, können Sie insbesondere schnell wachsende Gemüsearten satzweise säen oder pflanzen. Anstatt beispielsweise zwei Reihen im Beet mit Kohlrabi zu pflastern, bepflanzen Sie erst mal nur eine Reihe und warten mit der zweiten Reihe zwei oder drei Wochen.

ERNTEZEIT

Reifeprüfung fürs Gemüse

HÜBSCH SIEHT ES AUS, das zarte, frische Laub der Möhren. Ganz schön groß ist es mittlerweile eigentlich auch schon – fragt sich nur, wann denn der eigentliche Schatz endlich gehoben werden darf. Gemüse ziehen ist die eine Sache, zu erkennen, wann es erntereif ist, eine ganz andere, wie frischgebackene Gemüsegärtner Jahr für Jahr feststellen. Dabei ist es bei Möhren und Radieschen noch relativ einfach zu erkennen, denn wenn sie eine lohnenswerte Größe erreicht haben, spitzen ihre Köpfchen bei genauem Hinsehen meist schon ein wenig aus der Erde heraus. Und da man von den kleinen Sprintern in der Regel ohnehin ausreichend Exemplare anbaut, kann man zum Testen einfach mal eines aus der Erde ziehen.

Schwieriger wird es beim Kohlrabi. Einen Durchmesser von 10 cm dürfen die leckeren Knollen schon haben, Kohlrabi-Riesen wie 'Giant' oder 'Superschmelz' erreichen locker auch 15–20 cm. Zu lange sollte man mit der Ernte allerdings nicht warten, da sowohl normale als auch Riesensorten zwar munter immer weiterwachsen, dann aber oft holzig werden. Kartoffeln zeigen praktischerweise selbst an, wann sie am besten aus der Erde genommen werden sollten: Wenn ihre Blätter zu welken beginnen, ist es an der Zeit, zur Grabegabel zu greifen – mit der kann man die tollen Knollen nämlich am besten unbeschadet aus dem Boden heben.

Auch Erbsen sieht man die Erntereife recht gut an: Zucker-Erbsen, bei denen man die ganze Schote verzehrt, sind umso feiner, je früher man sie pflückt. Viele ernten sie bereits, wenn sich die Erbsen in den Schoten als flache Erhebungen abzeichnen. Am besten probiert man aber einfach selbst aus, wann man sie am liebsten mag.

Die schmackhaften Samen der Mark-Erbse hingegen sollten die Schote schon deutlich ausfüllen, ehe man diese pflückt und die Erbsen herausstreift. Den besten Zeitpunkt erkennen Sie mit demselben Test wie bei den Bohnen: Brechen die Schoten beim Umbiegen glatt durch, kann man sie pflücken.

Bei Paprika und Tomaten herrscht häufig Verwirrung: Rote Früchte sind reif, so viel ist klar. Aber was ist mit grünen Paprika, kann man die auch schon essen, oder sind das spezielle Sorten? De facto sind alle Früchte, die nicht rot sind, unreif. Gelbe Paprika liegen im Reifestadium zwischen Grün und Rot, und selbst cremefarbene und schwarze Paprika nehmen zuletzt einen satten Rotton an, wenn man sie nicht erntet. Essen kann man praktischerweise alle Reifestadien – wodurch die Ernte zum spannenden Experiment wird, nicht nur für Kinder. Bei Tomaten sollte man hingegen wirklich nur reife Früchte verzehren. Klarheit schafft eine Fühlprobe: Früchte, die auf leichten Druck nachge-

ben und sich durch eine Drehbewegung vom Stiel lösen, versprechen angenehme Geschmackserlebnisse.

Wenn im Herbst die ersten Fröste drohen, sollten Sie die letzten unreifen Tomaten pflücken und in Zeitungspapier gewickelt im Haus nachreifen lassen. Mit reifen Äpfeln an der Seite geht das noch schneller: Sie sondern das Reifegas Äthylen ab, das junges Gemüse im Nu erröten lässt.

SCHIESSENDER SALAT

Sorten mit Köpfchen

ANGST HABEN MUSS NIEMAND vor schießendem Salat – aber zumindest ein ärgerliches Stirnrunzeln kann er einem schon entlocken. Von schießendem Salat spricht der Gärtner nämlich, wenn die Pflanze nicht den gewünschten Kopf bildet, sondern beginnt, in die Höhe zu wachsen und einen Blütenstand zu bilden. In diesem Stadium ist der Salat nicht mehr zum Verzehr geeignet, da er zunehmend bitter wird. Schade um die Ernte! Vorbeugen kön-

nen Sie, indem Sie schossfeste Sorten bevorzugen, zum Beispiel den Kopfsalat 'Estelle'. Eisbergsalat wie 'Calgary' und Romanasalat, beispielsweise 'Ronda', sind generell schossfester als Kopfsalat. Schossfeste Sorten sind vor allem im Sommeranbau wichtig, denn je wärmer es ist, desto mehr beeilt sich der Salat mit der Blütenbildung. Zusätzlich sollten Sie im späten Frühling und den Sommer über keine vorgezogenen Salatjungpflanzen setzen, sondern direkt ins Beet säen. Regelmäßiges Gießen tut ein Übriges, um einer frühzeitigen Blütenbildung vorzubeugen.

KOMPOST MÜFFELT

So verduften schlechte Gerüche

Im Komposter verwandeln sich Garten- und Küchenabfälle in wertvollen Humus – eine tolle Sache also, die aber gelegentlich Gegenstand von Nachbarschaftsstreitigkeiten ist. Dabei geht es meist um zwei Punkte: Geruchsbelästigung und Ratten, die vom Komposter angezogen werden. Letzteres passiert eigentlich nur, wenn man neben Grünabfällen auch Reste tierischer Produkte oder gekochter Speisen kompostiert – und das ist hierzulande in nahezu allen Gemeinden untersagt.

Ob man den Nachbarn gerichtlich dazu zwingen kann, den Kompost aufzugeben oder zu verlegen, hängt davon ab, ob eine Geruchsbelästigung über das »Ortsübliche« hinausgeht. In ländlichen Gegenden dürfen beispielsweise auch Misthaufen dampfen, in der Stadt hingegen nicht. Außerdem wird abgewogen, ob eine Verlegung des Komposthaufens an einen anderen Platz im Garten zumutbar ist. Gehen Sie einem solchen Streit aus dem Weg, indem Sie den Komposter nicht gerade dort aufstellen, wo ihn nur ein Maschendrahtzaun vom Kaffeetisch des Nachbarn trennt. Üble Gerüche deuten zudem meist auf einen gestörten Kompostierungsprozess hin – und das zu beheben ist auch in Ihrem Interesse.

Damit Bakterien, Pilze und andere Mikroorganismen organisches Ausgangsmaterial zu Humus zersetzen können, benötigen sie Feuchtigkeit und Sauerstoff. Die Grundregel lautet: Immer abwechselnd grobe und feine, trockene und feuchte Materialien einfüllen, also beispielsweise eine Schicht grob zerkleinerter Äste und Zweige und darauf Rasenschnitt, dann wieder trockenes Material wie Laub, Stroh, Walnussschalen und trockene Staudenstängel und dann erst Gurkenschalen und andere feuchte Küchenabfälle. Zusätzlich anregen können Sie den Kompostierungsprozess, indem Sie über jede Lage etwas Gesteinsmehl streuen, das Sie im Garten- oder Agrarfachhandel erhalten. Damit der Komposter nicht austrocknet, steht er übrigens an einem halbschattigen Platz am besten und ist in heißen Sommern für eine gelegentliche Gießkanne voll Wasser dankbar.

GEMÜSE IM WINTER

Tiefkühl-Spezialisten

WÄHREND TOMATEN und Paprika den Frost scheuen, lässt er Rosenkohl und Grünkohl im doppelten Sinn völlig kalt. Und sogar der Gärtner freut sich in diesem Fall über die Minusgrade, denn erst durch sie erhalten die beiden Wintergemüse ihren charakteristischen Geschmack. Auch sonst brauchen Sie im Winter auf frisches Grün nicht zu verzichten: Feldsalat und Spinat sind ebenfalls härter im Nehmen, als man auf den ersten Blick vermuten würde. Von Mitte August bis Mitte September ausgesät sind beide noch vor Wintereinbruch erntereif. Wer sich nicht davor scheut, bei Schnee durch den Garten zu stapfen, legt zwischen Mitte September und Ende Oktober noch einmal nach: Feldsalat, den Sie jetzt aussäen, können Sie an frostfreien Tagen den ganzen Winter hindurch beernten.

Wenn Sie ein Vlies über das Beet breiten, können Sie leichter ernten, wenn Schnee die Flächen bedeckt. Auch die Aussaat von Winter-Spinat zwischen Mitte und Ende September lohnt sich. Auf den Tisch kommen die zarten Blättchen pünktlich zum Frühlingsbeginn im März/April.

FIT MIT FRISCHEM GRÜN

Vitamine von der Fensterbank

IN DER KALTEN JAHRESZEIT, wenn die Erkältungsviren fliegen, kann man Vitamine gut gebrauchen. Frische Kräuter enthalten reichlich davon und bringen das Immunsystem auf Trab – aber muss es unbedingt die schlappe Petersilie aus dem Supermarkt sein? Wer darauf keine Lust hat, gräbt einfach vor dem ersten Frost einen kleinen Petersilienballen aus dem Garten aus. Stellen Sie ihn an einen kühlen, möglichst hellen Platz im Haus, dann treibt er bald wieder aus.

Mit einem kleinen Unterschied funktioniert das auch bei Schnittlauch: Ihn topfen Sie im November ein, holen ihn aber erst nach dem ersten Frost ins Haus – das sich nach der Kälte für die Pflanze wie ein Frühlingswunderland anfühlt. An einem möglichst hellen Platz bei etwa 15 °C fühlt sie sich wohl und zeigt schon bald wieder die ersten grünen Spitzen. Wenn Sie nicht warten möchten, bis der Ballen einmal durchgefroren ist, können Sie das aromatische Lauchgewächs auch durch eine besondere Wärmebehandlung zum Austreiben anregen. Dazu graben Sie den Schnittlauchballen im Herbst aus und legen ihn für rund 16 Stunden in 30 bis 45 °C warmes Wasser. Anschließend darf er ebenfalls auf die Fensterbank.

GARTEN EXTRA

Fruchtfolge: der Reihe nach

Wie bei den Menschen gibt es auch im Pflanzenreich unterschiedlich gute Esser: **Starkzehrer** wie Tomaten, Kürbisse und Kartoffeln entziehen dem Boden viele Nährstoffe, **Mittelzehrer,** zu denen etwa Kohlrabi, Möhren und Mangold zählen, brauchen etwas weniger, und **Schwachzehrer** wie Salat, Radieschen und Pastinaken sind eher genügsam. Praktischerweise ergänzen sich die drei Gruppen: Die »Reste« der Starkzehrer sind immer noch üppig genug, um den Mittelzehrern ein Festmahl zu bieten, und was sie übrig lassen, reicht wiederum den Schwachzehrern gut zum Leben aus. Diesen günstigen Umstand macht sich der Gärtner mit einer Fruchtfolge zunutze, also indem er Stark-, Mittel- und Schwachzehrer in genau dieser Reihenfolge zeitlich nacheinander auf den Beeten anbaut. Anschließend sind die Nährstoffdepots des Bodens allerdings nahezu leer. Beim Auffüllen helfen zum Beispiel **Gründüngungspflanzen:** An den Wurzeln von Bohnen, Senf, Lupinen oder dem hübschen blau blühenden Bienenfreund (*Phacelia*) sitzen sogenannte Knöllchenbakterien, die Stickstoff aus der Luft binden und somit pflanzenverfügbar machen. Indem man die Reste dieser Pflanzen nicht entfernt, sondern sie grob zerkleinert in den Boden einarbeitet, überlässt man das **Düngen** also einfach der Natur. Allerdings wollen die wenigsten Gärtner so lange auf ihren Gemüsegarten verzichten. Deshalb gibt es die rotierende Fruchtfolge: Alle vier Gruppen – Stark-, Mittel- und Schwachzehrer sowie Gründüngungspflanzen – wachsen gleichzeitig auf getrennten Beeten nebeneinander. Jedes Jahr ziehen sie dann einfach ein Feld weiter.

OBST

Leckere Früchte im Überfluss können Sie ernten, wenn Ihnen hungrige Stare oder fiese Pilze keinen Strich durch die Rechnung machen. Hier gibt's die besten Tipps dafür. Erfahren Sie außerdem, wie Sie Ihre Kiwis dazu animieren können, viele leckere Früchte zu bilden, und wie Sie bei Apfelbäumen oder Johannisbeersträuchern dafür sorgen, dass eben jene Früchte nicht vorschnell wieder zu Boden purzeln.

EDLE FRÜCHTCHEN

Eine Frage der Unterlagen

JAJA, SO IST DAS heutzutage, selbst Obstgehölze brauchen die richtigen **Unterlagen**, damit sie veredelt werden können und einen Platz im Garten bekommen. Aber keine Sorge, die Unterlagen, um die es hier geht, sind weitgehend bürokratiefrei. Als Unterlage bezeichnet man den Teil einer veredelten Pflanze, der das Wurzelsystem bildet. Auf diese Unterlage pfropft der Züchter eine andere Pflanze, das **Edelreis**, das wiederum die Krone bildet.

Aber warum braucht man überhaupt solche Mischwesen, deren Unterteil aus einer anderen Pflanze besteht als der Oberkörper? Ganz einfach: Viele Obstsorten bilden zum Beispiel attraktive Früchte mit ausgezeichnetem Geschmack, wachsen aber viel zu stark, um in einem Kleingarten Platz zu finden. In diesem Fall kann eine schwach wachsende Unterlage (z.B. 'Quitte A' bei der Birne) wuchshemmend wirken: Der Baum trägt die gewünschten leckeren Früchte, bleibt aber deutlich kleiner. Die passende Unterlage kann aber auch weniger frostfeste Sorten winterhart machen (etwa 'St. Julien A' bei Pflaumen) oder krankheitsanfällige Varianten widerstandsfähiger (beispielsweise 'MM106' beim Apfel).

Sie brauchen sich nicht unbedingt mit all den verwirrenden Unterlagenbezeichnungen auseinanderzusetzen. Aber zu wissen, dass man bei jeder Sorte grundsätzlich die Wahl zwischen mehreren **Wuchstypen** hat, kann beim Pflanzenkauf hilfreich sein – und vielleicht möchten Sie sich irgendwann ja sogar selbst einmal am Veredeln versuchen. Ob »fertiger Obstbaum« oder »Zutaten«, kaufen Sie am besten in einer gut sortierten Gärtnerei oder direkt in einer (Obst-)Baumschule. Fragen Sie dort nicht nur nach Ihrer Lieblingssorte, sondern erläutern Sie auch, was Ihnen in Sachen Unterlage besonders wichtig ist. Wer beispielsweise einen nährstoffhaltigen, aber gut durchlässigen Topboden hat, für den kommt eine Unterlage infrage, die in Bezug auf den Boden ruhig anspruchsvoll sein darf, dafür aber vielleicht besonders resistent gegen Krankheiten ist. Wo der Boden schlecht, aber viel Platz vorhanden ist, kann hingegen eine stark wachsende, aber robuste Unterlage sinnvoll sein.

APFEL WIRFT FRÜCHTE AB

Der selbstreinigende Obstbaum

KAUM ZU GLAUBEN, im vergangenen Jahr hat das Apfelbäumchen kaum getragen, doch dieses Jahr hängt es so voller Früchte, dass man in Gedanken schon mal den Keller leer räumt. Nach dieser Vorfreude ist der Schrecken umso größer, wenn Anfang Juni die kleinen Äpfelchen massenhaft zu Boden purzeln. Wer dieses Phänomen beobachtet, muss sich aber keineswegs Gedanken über Düngefehler oder Wassermangel machen. Im Gegenteil, man darf sich vielmehr darüber freuen, dass der Selbstreinigungseffekt des Baumes offensichtlich gut funktioniert. Nichts anderes ist der sogenannte »Junifruchtfall« nämlich: Der Baum merkt, wenn er mehr Früchte angesetzt hat, als er optimal versorgen kann, und stößt daher einen Teil frühzeitig ab. Das Motto »weniger ist mehr« sorgt langfristig auch für einen gleichmäßigeren Ertrag, denn ein steter Wechsel zwischen fetten und mageren Jahren wäre sonst programmiert.

Oft hängen allerdings selbst nach dem Junifruchtfall noch deutlich zu viele Mini-Äpfel an den Zweigen. Dann sollten Sie selbst aktiv werden und überzählige Fruchtansätze ausdünnen. Notwendig ist das vor allem bei den großfrüchtigen Obstarten, neben dem Apfel etwa bei **Birnbäumen** und **Pfirsichen**. Die Faustregel lautet: Lassen Sie ein bis zwei Früchte je Fruchtbüschel hängen, am besten die größten, in die der Baum bereits am meisten Energie investiert hat. Auf diese Weise beugen Sie insbesondere bei jungen Bäumen und Zwerg-Obstgehölzen zudem Astbruch vor, denn ein überreicher Fruchtbehang hat schon so manchen Zweig gekostet.

Profis warten oft nicht bis zum Junifruchtfall, sondern knipsen bereits zur Blütezeit einen Teil der Knospen aus. Der regulierende Einfluss von Ausdünnungsmaßnahmen ist nämlich am stärksten, je früher er erfolgt. Anfänger sollten ihr Bäumchen jedoch vorher ein paar Jahre lang beobachten. Wenn klar ist, wie viele Früchte der Baum gut versorgen kann, können Sie ebenfalls zum Ausdünnen der Blüten übergehen.

KIWIS FRUCHTEN NICHT

Ein Fall für die Partnervermittlung

AUSSEN STACHELIG, INNEN SÜSS und fruchtig: Kiwis (*Actinidia*) sind einfach lecker. Aber nicht nur das, die Kletterkünstler geben darüber hinaus einen wunderbaren Schmuck für Pergolen und Rankspaliere ab: Mit ihren eleganten großen Blättern, die dekorativ übereinanderlappen, bilden sie rasch ein dichtes, Schatten spendendes Dach. Für ein sonniges Plätzchen und 35 g Hornmehl im Frühjahr bedanken sie sich dann ab Mitte Oktober mit einer wahren Beerenschwemme – vorausgesetzt, Sie haben Ihre Kiwipflanzen ausreichend auf ihre Beziehungstauglichkeit überprüft. Einen reichen Früchtesegen können Sie nämlich nur erwarten, wenn am Klettergerüst eine weibliche und eine männliche Pflanze die Triebe nacheinander ausstrecken dürfen.

Von welchem Geschlecht Ihre Kiwi ist, erkennen Sie am besten an der geöffneten Blüte: Bei männlichen Pflanzen befinden sich darin nur Staubgefäße, bei weiblichen ragt aus der Blütenmitte gut sichtbar der Stempel hervor. Nachdem Sie festgestellt haben, ob Männchen oder Weibchen zum Kiwiglück fehlt, können Sie gezielt eine Pflanze anderen Geschlechts dazukaufen. Besonders hübsch sind männliche Varianten mit panaschierten Blättern wie *Actinidia pilosula*. Wer nur Platz für eine einzige Pflanze hat, kann sich auch für eine selbstfruchtbare Sorte wie 'Solo' oder 'Jenny' entscheiden. Achtung, manchmal mangelt es den Kiwis auch gar nicht am passenden Partner, sondern schlicht an Zeit: Die meisten Sorten benötigen drei bis vier Jahre, um in Fahrt zu kommen, ehe sie zum ersten Mal fruchten.

Neben Kiwis, die die bekannten großen Früchte mit der leicht borstigen Schale tragen, gibt es auch Sorten, die mit etwa stachelbeergroßen, unbehaarten Mini-Kiwis überraschen. Sie kann man mitsamt Schale verzehren – also das ideale Naschobst. Die Sorte 'Weiki' (braucht eine männliche Befruchtersorte) und die selbstfruchtbare 'Issai' beispielsweise sind zudem besonders frosthart.

SCHMUTZIGE ERDBEEREN

Sanft gebettet

EIN SONNIGER TAG, ein bequemer Liegestuhl und aromatische Erdbeeren
mit Schlagsahne – das Leben kann so
schön sein. Bis es plötzlich zwischen
den Zähnen knirscht: Autsch, da haben
doch wieder ein paar Sandkörnchen
das Waschen überstanden. Zum Glück
können Sie die Wahrscheinlichkeit für
ein solch unangenehmes Erlebnis mit
wenig Aufwand deutlich senken. Breiten Sie einfach während der Blütezeit
eine Mulchschicht aus Stroh rund um
die Erdbeerpflanzen aus. Erdbeeren, die

auf dieser luftigen Schicht zum Liegen
kommen, werden nicht schmutzig und
schimmeln auch seltener, da sie nach
einem Regenguss schneller abtrocknen.
Auch Schnecken haben es auf dem pik-
senden Stroh schwerer, zur ersehnten
Beute zu gelangen.

Alternativ kann man auch schwarze Mulchfolie verwenden. Sie erwärmt
zusätzlich den Boden, was die Pflanzen
schneller wachsen lässt. Achten Sie in
diesem Fall aber darauf, wasserdurch-
lässige Produkte zu wählen. Weniger als
Mulchschicht geeignet sind Holzspäne und Holzwolle, da sie bei Nässe zu
schnell durchweichen.

STACHELIGE BROMBEEREN

Tschüss, Kratzbürsten!

VON WEGEN FRIEDLICHES GRÜNZEUG,
manche Pflanzen erscheinen einem geradezu blutdürstig! Brombeeren, Him-

beeren und Stachelbeeren beispielsweise locken mit den herrlichsten Früchten,
verteidigen sie aber mit einer stachel-
oder dornenbewehrten Rüstung, die das
Pflücken schnell zur Tortur für Hände
und Arme machen kann. Zur großen

Freude vieler Beerenfans gibt es mittlerweile aber eine ganze Reihe von Pazifisten, die ihre Lanzen ganz oder teilweise abgegeben haben. Dadurch eignen sie sich zudem auch für enge Platzverhältnisse, beispielsweise auf dem Balkon, wo man ansonsten stets Gefahr läuft, im Dornendickicht der Beerensträucher hängen zu bleiben.

Bei Brombeeren (*Rubus fruticosus*) kommen beispielsweise die reichtragenden Sorten 'Loch Ness', 'Black Satin', 'Thornless Evergreen', 'Thornfree' und die straff aufrecht wachsende 'Navaho' infrage. Bei Himbeeren (*R. idaeus*) eignen sich die rotfrüchtige Sommer-Himbeere 'Glen Ample', die gelbfrüchtige Herbst-Himbeere 'Alpengold' und die besonders reichtragende Sommersorte

'Glen Coe', deren Früchte dunkelviolett leuchten. Wer sich partout nicht entscheiden kann, ob er Him- oder Brombeeren lieber mag, kann es ja einfach mal mit einer Tayberry probieren, einer Kreuzung zwischen beiden Beerenarten. Mit 'Buckingham Tayberry' bewirbt sich auch hier ein dornenloser Kandidat um den Publikumspreis.

Auch die einst kampfeslustigen Stachelbeeren sind heute als gezähmte Varianten erhältlich. 'Captivator' und 'Larell' beispielsweise fordern keinen Blutzoll und schmecken auf Kuchen oder gezuckert in Sahnequark einfach köstlich.

KAUM JOHANNISBEEREN

Erfolg dank beerenstarker Sorten

PRALLE, GLÄNZENDE BEEREN in dichten Trauben, so sieht das Idealbild der Johannisbeere aus. Besonders reiche Ernte versprechen bei den rotfrüchtigen Sorten 'Jonkher van Tets', 'Rovada', 'Rolan' und 'Rotet'. Wer Abwechslung liebt, versucht sich beispielsweise an der rosafrüchtigen 'Rosa Sport', der weißfrüchtigen 'Primus' oder der schwarzen 'Titania'. Diese robusten Züchtungen neigen auch nur wenig zum »Verrieseln«. Viele Sorten setzen nämlich erst fleißig Früchte an, doch bevor die Minis den Namen Beere verdienen, sind sie über Nacht plötzlich zu Boden gefallen. Dieses Verrieseln kann unterschiedliche Gründe haben. Wenig ausrichten kann man gegen einen kühlen Frühling, in dem die Bienen nicht recht fliegen mögen und die Blüten daher schlicht unzureichend befruchten. Eine zu stickstoffhaltige Düngung und zu trockener Stand aber sind Ursachen, die man ausschalten kann. Wässern Sie Ihre Beerensträucher bei Bedarf, und düngen Sie sie Ende März mit organischen Düngern, die ihre Nährstoffe erst nach und nach freisetzen – zum Beispiel mit 2 Litern Kompost plus 100 g Hornmehl.

Auch Rispen, die im Strauchinneren hängen und zu stark beschattet werden, lassen oft beleidigt die Beeren fallen. Ein Grund mehr, jedes Jahr nach der Ernte zur Schere zu greifen, ein **regelmäßiger Schnitt** ist ohnehin angesagt. Bei Johannisbeeren tragen nämlich vor allem die einjährigen Triebe, die an den zwei- oder dreijährigen Haupttrieben entstehen. Ältere Äste fruchten kaum

noch und werfen unnötig Schatten, deshalb sollten Sie jährlich zwei bis drei der ältesten direkt über dem Boden entfernen. Die Gesamtzahl der Haupttriebe sollte stets zwischen acht und zwölf liegen. Als Nächstes nehmen Sie sich die aktuellen Fruchttriebe vor: Alle Seitentriebe, an denen in diesem Jahr Beeren hingen, schneiden Sie fingerbreit über der nächsten Astgabelung ab. Aus den verbleibenden, ungefähr 1 cm langen Zapfen treiben dann die Fruchttriebe für das nächste Jahr aus.

Bei schwarzfrüchtigen Johannisbeersorten schneiden Sie ebenfalls zwei bis drei der ältesten Äste bodennah weg und kürzen dazu noch alle Haupttriebe über dem dritten langen Seitentrieb.

VÖGEL KLAUEN KIRSCHEN

Genussrechte sichern

BEIM ANBLICK ROT GLÄNZENDER, knackiger Süß- und Sauerkirschen (*Prunus avium* und *P. cerasus*) läuft nicht nur

den meisten Menschen das Wasser im Munde zusammen. Auch Vögel, insbesondere Stare, haben einiges für die süßen Früchtchen übrig – und genieren sich nicht, hemmungslos von ihnen zu naschen, Vollplünderungen sind keine Seltenheit. Viele Gärtner versuchen daher, die ungebetenen Tischgäste mit Schutznetzen auszusperren. Das funktioniert prinzipiell auch ganz gut, allerdings sollten Sie ein paar Punkte beachten, damit weder Ihre Kirschen noch die Vögel Schaden nehmen.

Verwenden Sie keine grünen oder schwarzen Netze, da die Tiere diese nicht erkennen und versehentlich hineinfliegen und sich verheddern können. Optimal sind leuchtend blaue Netze mit 30 mal 30 mm großen geknüpften Maschen, die sich nicht zuziehen können. Spannen Sie die Netze straff um

die komplette Krone herum beziehungsweise verankern Sie die Netze fest im Boden. Es dürfen keine Lücken entstehen, damit kein Vogel ins Innere schlüpfen und sich satt essen kann.

Einnetzen kann man allerdings ohnehin nur kleinere Bäume. Deshalb lohnt es sich, stattdessen verschiedene Verschreckungsmethoden auszuprobieren. In den Baum gehängte CDs und glitzernde Stoff- oder Kunststoffbänder beispielsweise, die sich im Wind bewegen und das Sonnenlicht reflektieren, finden viele Vögel unheimlich. Andere hingegen lassen sich selbst von Wind-

spielen und knatternden Windrädern nicht ins Bockshorn jagen, wohl aber von geflügelten Kirschbaumwächtern aus der eigenen Sippschaft: Niemand vertreibt andere Stare so vehement und nachhaltig von einem Kirschbaum wie ein dort heimisches Starenpärchen. Wer einen Starenkasten in seinen Baum hängt, kann somit den größten Teil seiner Kirschen selbst ernten und sich außerdem über die ersten Flugversuche der Vogeljungen freuen.

NACKTE ERDE UNTERM BAUM

Mulchen versus Bepflanzen

ALS BAUMSCHEIBE BEZEICHNET man den Kreis direkt unterhalb der Baumkrone. Hier befindet sich der Hauptteil der feinen Haarwurzeln, mit deren Hilfe sich das Gehölz ernährt. Da sie meist relativ dicht unter der Erdoberfläche wachsen, sollte man in diesem Bereich in den ersten Jahren weder hacken noch Pflanzen ansiedeln, die dem Baum Nährstoffe und Wasser streitig machen. Bei Ziergehölzen ist eine solche Unterpflanzung in der Regel weniger problematisch, bei Obstgehölzen kann sie hingegen den Ertrag mindern.

Sie wollen aber keine nackte Erde sehen? Dann nutzen Sie die Vorzüge einer Mulchschicht, die Unkrautaufwuchs vorbeugt und die Feuchtigkeit im Boden hält. Beerensträucher können Sie gut mit Rindenmulch versorgen, seine bodenversauernde Wirkung macht ihnen nichts aus. Einige Arten wie Heidel- und Stachelbeeren freuen sich sogar darüber. Insbesondere Heidelbeeren brauchen ein saures Milieu, um alle notwendigen Nährstoffe aufnehmen zu können, deshalb werden sie in Rhododendronerde gepflanzt. Durch die Mulchschicht bleibt der niedrige pH-Wert des Substrats länger erhalten. Da Rindenmulch aber auch Stickstoff bindet, sollten Sie zuvor zum Ausgleich 50 g Hornspäne je Quadratmeter ausstreuen. Für andere Obstgehölze eignet sich Rohkompost (also nur leicht angerottetes organisches Material) oder mit trockenem Laub vermischter Grasschnitt. Auch Stroh ist ein gutes Mulchmaterial, birgt aber die Gefahr einer **Wühlmausinvasion** (siehe S. 115). Am besten nur verwenden, wenn Sie den Obstbaum mitsamt Wühlmausschutz aus Drahtgeflecht gepflanzt haben.

SPALIEROBST

In Reih und Glied

SPALIEROBST, DESSEN ÄSTE entlang von Drahtseilen, Holz- oder Metallspalieren in die gewünschte Form gelenkt werden, ist in Sachen Arbeitsaufwand zugegebenermaßen das Gegenteil der pflegeleichten Säulenobstbäume (siehe S. 67). Dafür sehen die an einer Hauswand oder Mauer gezogenen Gehölze einfach toll aus. Dank der geschützten Lage gedeihen sie außerdem besonders gut und liefern bei minimalem Platzverbrauch viele leckere Früchte.

Man kann sie zum Beispiel aus einem Apfelbusch (diese Wuchsform eignet sich am besten) auf schwach wachsender Unterlage ziehen (siehe S. 42), erklären Sie in der Baumschule einfach, für welchen Zweck das Bäumchen gedacht ist. Zwei der unteren Äste sollten kräftig sein und möglichst auf einer Ebene liegen. Nach der Pflanzung im Frühjahr befestigen Sie diese beiden Seitentriebe in waagerechter Position am Spalier – am besten mit elastischer Baumanbinderschnur, die Sie im Gartencenter bekommen. Die anderen Seitentriebe werden bis auf kurze Zapfen eingekürzt, und zwar oberhalb einer nach unten zeigenden Knospe. Auch die Spitze des Leittriebs kürzen Sie leicht oberhalb eines Auges ein, er sollte die anderen Äste jedoch nach wie vor um mindestens 20 cm überragen.

Im Sommer, am besten zwischen Mai und Juli, dann sind die ausgetriebenen Äste noch weich genug, biegen Sie für die nächste Ebene wiederum zwei möglichst parallel liegende Triebe nach unten. Schienen Sie die ausgewählten Triebe dafür zunächst mit Bambusstäben, damit sie möglichst gerade wachsen, und bringen Sie die Triebe bis Anfang September immer weiter in die Waagerechte in Richtung Spalier. Durch die vorübergehende Schräglage wachsen die Triebe stärker in die Länge, so kann man das Spalier umso breiter ziehen. Die Bambusstäbe sorgen dafür, dass die Zweige in sich gerade wachsen – würde man die Astspitzen direkt herunterziehen, hätte man am Ende gebogene Äste.

Alle Seitentriebe, die aus dem senkrechten Leittrieb und aus den beiden bereits waagerecht formierten Trieben wachsen, kürzen Sie auf vier bis sechs Blätter ein. Zusätzlich entfernen Sie steil nach oben wachsende Äste, die dem Leittrieb Konkurrenz machen. Im nächsten Frühjahr fahren Sie genauso fort: Jeweils zwei parallele Äste mit Bambusstäben schienen und zu neuen Ebenen langsam nach unten bringen, die Spitzen der Haupttriebe leicht einkürzen und aus den Haupttrieben wachsende Zweige auf drei bis vier Knospen zurücknehmen. Auch Weinreben können Sie auf diese Weise formieren. Bei Steinobst wie Kirsche und Pfirsich ziehen Sie die Äste fächerförmig.

WICHTIGSTE SCHNITTREGELN

Alles eine Frage der Erziehung

DAMIT OBSTGEHÖLZE viele Jahre lang reich fruchten, sollten Sie sie regelmäßig schneiden, sonst vergreisen sie. Das Ganze ist genau genommen auch gar nicht so schwer, solange man sich an ein paar Grundregeln hält. 1. Entfernen Sie alle Seitentriebe, die in die Krone hineinwachsen und dort unnötig Schatten werfen. 2. Weg mit **Wasserschossern**! Diese auffällig langen, steil aufragenden Triebe wachsen besonders häufig auf der Oberseite der Seitentriebe. Wasserschosser sollten möglichst bald nach ihrer Entstehung entfernt werden. Exemplare, die sich bis Juni/Juli bilden, schneiden Sie nicht heraus, sondern reißen sie mit einem kräftigen Ruck ab. Dabei wird nämlich im Idealfall auch noch der sogenannte Astring mit entfernt. In ihm sitzen Assimilate, die ansonsten dafür sorgen würden, dass im nächsten Jahr gleich wieder neue Wasserschosser entstehen. 3. Die äußeren Umrisse des Baumes, gebildet aus drei oder vier Leitästen, sollten eine flache Pyramide bilden. Damit diese Form nicht verwischt, kürzen Sie bei Bedarf die Spitze des mittleren Leittriebs und die seitlichen Haupttriebe. 4. Die letzte simple Schnittregel betrifft Sauerkirschbäumchen: Hier nehmen Sie alle Triebe, an denen in diesem Jahr Früchte hingen, bis zur nächsten Astgabel zurück. Oder Sie schneiden die Äste mitsamt der reifen Früchte ab – einfacher kann man Kirschen nicht ernten.

Für eine harmonische Wuchsform setzen Sie die Schere immer über einem nach außen zeigenden Auge an. So nennt man die kleinen Knubbel am Trieb.

ALLES, WAS RECHT IST

NACHBARS ÄPFEL

Die verbotene Frucht

Das ist doch wirklich mal praktisch: Der Apfelbaum wächst im Nachbargarten, aber einige dicht an dicht mit Äpfelchen behangene Zweige ragen aufs eigene Grundstück herüber. Die müssen doch gleich mal gekostet werden... Aber Vorsicht, nicht nur im Garten Eden gilt der Apfel als verbotene Frucht: Der Baum samt Behang gehört dem Nachbarn, und wer sich kurzerhand ans Abernten macht, begeht einen Diebstahl. Das Argument, die Früchte würden sonst womöglich am Baum verfaulen, zählt leider nicht. Die Konsequenzen für ein Zuwiderhandeln sind zwar weniger drastisch als im Paradies – niemand wird von seinem Grundstück vertrieben, nur weil er ein paar Früchte von Nachbars Baum gemopst hat – aber mit einer Geldstrafe muss bei einer Anzeige immerhin gerechnet werden. Besser: Den Nachbarn ganz offiziell fragen, ob man sich ein paar Äpfel pflücken darf, oder einfach warten, bis das Obst auf den Boden fällt. Dann geht es nämlich automatisch in Ihren Besitz über. Übrigens: Wenn der offizielle Besitzer des Baums mit einem Obstpflücker über die Gartengrenze hinweg nach Früchten an überhängenden Zweigen angelt, ist das sein gutes Recht. Betreten darf er Ihr Grundstück jedoch nur mit Ihrer Genehmigung – beste Voraussetzungen also für einen kleinen Fruchtdeal, von dem beide Seiten profitieren. Heruntergefallenes Obst vom Nachbarbaum wird mancherorts willkommen geheißen, aber längst nicht überall, und nerviges Herbstlaub noch viel weniger. Dennoch ist beides grundsätzlich hinzunehmen. Erst wenn eine wesentliche oder ortsunübliche Beeinträchtigung besteht (und das zu entscheiden liegt im Ermessen des Schlichters oder Richters), kann der Gartenbesitzer von seinem Nachbarn verlangen, Früchte oder Laub auf dessen Kosten zu entsorgen. In Einzelfällen kann sogar eine »Laubrente« als Entschädigung festgelegt werden – das geschieht aber nur selten und ist es sicherlich nicht wert, sich mit dem Nachbarn zu überwerfen.

SCHNITTZEITPUNKT

Der feine Unterschied

ALLE OBSTGEHÖLZE können Sie prinzipiell entweder nach der Ernte schneiden oder während der Vegetationsruhe im Winter, beides hat seine Vorteile. Im Winter sehen Sie besonders gut, wie der Baum aufgebaut ist – für Anfänger ein unschlagbarer Vorteil. Im Sommer wiederum schließen sich die Schnittwunden schneller – auch nicht schlecht, denn jede Wunde ist eine potenzielle Eintrittspforte für **Krankheitserreger**. Die meisten Gärtner schneiden daher Kirsche, Pfirsich und anderes Steinobst, das zum starken »Bluten« neigt, nach der Ernte Ende Juli bis Anfang August.

Bei Kernobst wie Apfel und Birne machen Sie den Schnittzeitpunkt davon abhängig, ob Sie das Triebwachstum des Baums anregen oder bremsen möchten. Wer bereits im November zur Schere greift, kann ältere oder schwachwüchsige Bäume zum Durchstarten bringen und sich im Frühjahr über einen kräftigen Neuaustrieb freuen. Ihr Baum wächst ohnehin schon viel zu stark? Dann verlegen Sie den Schnitt auf Ende Februar. Oder Sie schneiden im Sommer nach der Ernte und zügeln ihn somit deutlich. Brechen bei Ihren Obstbäumen nach einem milden Winter oder einem rasanten Frühlingsstart nahezu von heute auf morgen die Blütenknospen auf, ist das kein Grund zur Panik. Sie können selbst dann noch schneiden, wenn die ersten Knospen bereits voll erblüht sind.

Um Kiwipflanzen und Weinreben in Form zu bringen, greifen Sie am besten im Januar oder Februar zur Schere. Wer seinen Walnussbaum zurechtstutzen oder morsche Äste entfernen möchte, sollte dies im August, spätestens aber bis Mitte September erledigen, damit die Wunden gut verheilen. Noch an den Ästen hängende Nüsse reifen nach.

Wer eine Säge ansetzt, riskiert einen ausgefransten Wundrand. Schneiden Sie ihn mit einem scharfen Messer nach, damit eine glatte Fläche entsteht. Schnittflächen, die größer als eine Zwei-Euro-Münze sind, bestreichen Sie mit einem fungizidhaltigen Wundverschlussmittel.

FROSTRISSE IM HOLZ

Weißes Winterkleid

NACH KLIRREND KALTEN NÄCHTEN freut man sich über einen schönen sonnigen Wintertag ganz besonders. Während uns die Wintersonne ein Lächeln auf die Lippen zaubert, ist insbesondere jungen Bäumen jedoch ganz und gar nicht nach Lachen zumute. Starke Schwankungen zwischen Tag- und Nachttemperaturen und warme Sonnenstrahlen bei kalten Grundtemperaturen können nämlich rasch zu den gefürchteten Frostrissen im Holz führen. Besonders häufig treten die senkrecht klaffenden Risse auf der Südseite junger Baumstämme auf, die noch keine Zeit hatten, eine dicke Borke zu bilden: Wenn sich die Sonnenseite bereits erwärmt hat, die andere Seite aber noch kalt ist, baut sich eine enorme Spannung auf, die das Holz geradezu auseinanderreißt.

Gefährlich sind diese Risse vor allem deshalb, weil sie oft tief ins Holz hineinreichen und einem weit geöffneten Eingangstor für Krankheitserreger gleichkommen. Verhindern können Sie Frostrisse recht effektiv, indem Sie an einem frostfreien Tag zum Pinsel greifen und dem Baumstamm einen **Weißanstrich** verpassen. Die helle Farbe reflektiert das Sonnenlicht und mindert dadurch die Temperaturunterschiede zwischen Nord- und Südseite des Stamms. Früher verwendete man zum Weißen meist Kalkbrühe, die man selbst aus zwei Teilen Branntkalk und einem Teil Wasser herstellte. Dies ist jedoch ein nicht ganz ungefährlicher Vorgang, da durch die chemische Reaktion beim Kontakt mit Wasser schlagartig Energie in Form von Hitze freigesetzt wird – eine trockene Lagerung sowie Schutzbrille und -handschuhe beim Hantieren mit Branntkalk sind Pflicht. Empfehlenswerter ist es, sich an im Handel erhältliche Fertigprodukte als Weißanstrich zu halten.

Sind bereits Frostrisse entstanden, sollten Sie dem Baumstamm einen straff sitzenden Verband aus Juteband anlegen, damit sich der Riss nicht weiter ausdehnt. Wundverschlussmittel sind nicht notwendig, ein kräftiger junger Baum überwuchert den Riss mit Narbengewebe.

GARTEN EXTRA

Früchtevorrat fault

Frisch vom Baum gepflückt ist ein knackiger Apfel ein echter Genuss, aber richtig eingelagert sind die Früchte auch im Winter noch prall und lecker. Die Haltbarkeit von Äpfeln, Birnen und Zwetschgen können Sie schon bei der Ernte entscheidend beeinflussen: Pflücken Sie die Früchte möglichst mit Stiel, und sammeln Sie sie in einer Pflücktasche oder einem im Baum hängenden Eimer, anstatt sie mit Schwung in die am Boden stehende Kiste zu pfeffern. Beschädigtes Obst sortieren Sie aus. Bei Pflaumen sollte die feine weiße Wachsschicht auf den Früchten bei der Ernte intakt bleiben, sie wirkt als Verdunstungsschutz. Grundsätzlich gilt: Späte Sorten sind besonders lange haltbar, sie erreichen zudem oft erst nach einigen Wochen Liegezeit ihren vollen Geschmack. Der Winterapfel 'Boskoop' ist dafür das beste Beispiel. Gut zu wissen: Bei Kernobst unterscheidet man Pflück- und Genussreife. Die Genussreife erkennen Sie daran, dass sich die Früchte schon durch vorsichtiges Drehen leicht vom Zweig lösen lassen und aromatisch schmecken. Frühe Sorten werden genussreif gepflückt und sofort vernascht. Späte Sorten pflückt man, sobald die ersten Früchte genussreif sind, auch wenn sich der Großteil des Obstes erst nach kräftigem Zupfen vom Baum trennt. Ins Lager dürfen nur unbeschädigte Früchte ohne Druckstellen, Wurmlöcher, Kratzer und Einkerbungen. Haben sich nämlich in einem Exemplar Krankheitserreger eingenistet, stecken sie im Nu auch die umgebenden Früchte an. Deshalb sollte man die Früchte auch regelmäßig auf Faulstellen oder Schimmelbefall kontrollieren und gegebenenfalls aussortieren. Für die gesunden Früchte ist ein Kellerraum oder eine Speisekammer mit Fenster als Aufbewahrungsort gut geeignet, denn im Lager sollte es trocken, dunkel und kühl sein. Die optimale Raumtemperatur für Äpfel beträgt 2–4 °C, Birnen haben es mit 1 °C gerne noch ein wenig frischer, und Pflaumen entscheiden sich mit 1–2 °C für die goldene Mitte. Legen Sie die Früchte mit ein wenig Abstand nebeneinander, am besten auf Holzstellagen, die für eine Rundumbelüftung sorgen. Achtung: Lagern Sie Äpfel möglichst weit weg von anderen Obstarten, sie verströmen nämlich Äthylen, ein Reifegas, das die Haltbarkeit der Lagerfrüchte verkürzt. Nüsse mögen es ebenfalls luftig und trocken, aber lieber warm als kalt – Dachböden oder Heizungskeller sind gut geeignet. Auf einem mit Kaninchendraht bespannten Holzrahmen halten sie sich monatelang. Nicht vergessen: Vor dem Einlagern noch anhaftende Schalenreste entfernen.

TOPFGÄRTNERN

Naschen erwünscht lautet die Devise auch im Topfgarten: Wo es beengt zugeht wie auf dem Balkon
oder im Hof, bauen Sie pflegeleichte Obstsorten und
knackiges Gemüse einfach in Kisten, Kübeln und
Hochbeeten an. Nach dem selbst geernteten Salat
gibt's dann den mit Schokoladen-Kosmeen verzierten
Nachtisch – natürlich sommerlich entspannt neben
Palmen und duftenden Zitronenbäumchen.

GEMÜSE FÜR STADTGÄRTNER

Kistenweise purer Genuss

VIELE NEUEINSTEIGER entdecken das Gärtnern nicht nur in Form von Sommerblumen oder Kübelpflanzen, sondern indem sie sich mit Gemüse beschäftigen. Das ist auch nicht weiter verwunderlich, schließlich ist kaum etwas befriedigender, als eine Pflanze zu beernten, die man selbst aus einem kleinen Samenkorn herangezogen hat. Verwunderlich ist eher, dass so viele Stadtgärtner auf dieses Erlebnis verzichten. Nahezu alle Gemüsearten lassen sich nämlich ohne großen Aufwand auch

auf dem Balkon oder im Hinterhof anbauen. Alles, was man dafür braucht, sind ausreichend große Kisten, Kästen und Kübel oder aber ein Hochbeet, das man sich in der passenden Größe kaufen oder selbst zurechtzimmern kann (siehe S. 66).

Die Favoriten für kleine Balkone sind Salate, die sich platzsparend im Blumenkasten ziehen lassen, und Tomaten. Letztere gedeihen auf dem Balkon oder im Hof oft sogar besser als im Garten, weil sie geschützt unterm Vordach stehen und dadurch seltener Kraut- und Braunfäule bekommen. Super geeignet sind auch Mini-Gurken wie 'Adrian', 'Printo' oder 'Picolino', die Sie in Gefäßen mit mindestens 40 cm Durchmesser gut als Kletterpflanzen ziehen können. Die Sorte 'Ministars' macht selbst in einer Blumenampel eine gute Figur.

Überhaupt lohnt es sich, die Vertikale zu entdecken: Erbsen und Bohnen, allen voran die attraktive Feuerbohne (*Phaseolus coccineus*), ergeben einen hervorragenden **Sichtschutz**, wenn man sie in einem Kasten mit Rankgitter sät oder an gespannten Schnüren hochranken lässt. Echte Platzsparwunder sind Mini-Auberginen wie 'Bambino' und 'Ophelia' und die Kartoffel: Ein mit Erde gefüllter Eimer mit Wasserabzugsloch reicht, um sich am Ende der Saison über leckere Knollen freuen zu können.

Probieren Sie doch mal verschiedene alte Kartoffelsorten aus. 'Blauer Schwede' schmückt sich zum Beispiel mit attraktiven Blüten, Schalen und Fruchtfleisch in leuchtendem Violett.

SUBSTRATVIELFALT

Erde gut, alles gut

BLUMENERDE MIT TORF, Blumenerde ohne Torf, Kräutererde, Rhododendronerde, Aussaaterde, Gemüseerde, Tomatenerde ... Im Gartencenter stehen gefühlt 100 Sorten Erde zur Auswahl, aber welche ist nun die richtige? Eine Blumenerde sollte mehrere Kriterien erfüllen: Zum einen muss sie den Pflanzen Halt geben, sie darf also im Laufe der Saison nicht zu sehr schrumpfen, etwa weil organische Bestandteile in feineren Humus umgewandelt werden. Dann muss sie genügend Nährstoffe speichern können, um die Pflanzen zu ernähren, und genügend Wasser, damit sie nicht verdursten. Gleichzeitig sollte sie aber durchlässig genug sein, um Staunässe vorzubeugen. Und aus ökologischer Sicht sollte sie möglichst keinen Torf enthalten, sondern aus nachwachsenden Rohstoffen bestehen.

Viele Aufgaben also für ein Päckchen Erde. Aufgaben, die Markenerden tendenziell tatsächlich besser erfüllen als Billigprodukte. Spezialerden allerdings benötigen Sie nur in wenigen Fällen: Rhododendronerde können Sie zum Beispiel auch für Hortensien (*Hydrangea*), Heidelbeeren (*Vaccinium myrtillus*) und andere Moorbeetpflanzen verwenden. Aussaat- und Kräutererde sind insofern sinnvoll, als sie weniger Nähr-

stoffe enthalten und durchlässiger sind als normale Blumenerden – perfekt für feine Sämlingswurzeln und genügsame mediterrane Kräuter. Sie können aber auch normale Blumenerde abmagern, indem Sie diese mit Sand vermischen, bis sie schön locker ist.

Sandmännchen spielen kann auch bei einigen Bio-Erden sinnvoll sein, denn mitunter speichern sie Wasser ein bisschen zu gut oder verdichten mit der Zeit. Wie viel Sand, das ist je nach Substrat verschieden. Die Mischung stimmt, wenn die Erde einen lockereren Eindruck macht. Prinzipiell haben sie gegenüber sehr torfhaltigem Substrat aber nicht nur ökologisch die Nase vorn, sondern lassen sich auch im trockenen Zustand wieder besser befeuchten.

LANGZEITDÜNGER

Dünger im Tarnanzug

WAS SIND DENN DAS für weißliche bis gelbe Kügelchen, die zuhauf die teure Markenblumenerde durchsetzen? Und wie kommen die da rein? Ganz einfach: Es sind Langzeitdüngerperlen, und die haben die Substrathersteller in bester Absicht in die Blumenerde gemischt.

Die Perlen versorgen die Pflanzen im Schnitt die ersten sechs bis acht Wochen mit allen notwendigen Nährstoffen, wodurch Sie sich das Düngen in der ersten Zeit sparen können. Die **Depotdünger**, wie sie auch genannt werden, sind aber nicht nur für frisch gesetzte Pflanzen eine feine Sache, sondern grundsätzlich eine praktische Alternative für alle, denen es zu umständlich ist, in der Hauptwachstumszeit wöchentlich Flüssigdünger ins Gießwasser zu geben. Am gleichmäßigsten versorgen Sie Ihre Pflanzen mit Langzeitdünger in Granulatform, den Sie im Frühjahr in der auf der Packung angegebenen Menge mit einer Handharke oberflächlich in größere Töpfe und Kübel einarbeiten. Noch einfacher geht es mit Düngekegeln oder -stäbchen, die in die Erde gesteckt werden und sich daher auch für kleinere Pflanzgefäße eignen.

Das Prinzip der Depotdünger ist simpel: Die Nährstoffe sind von einer Hülle umschlossen, die zwar Wasser einlässt, um den Dünger zu lösen, ihn aber erst nach und nach freisetzt. Wie schnell, das hängt unter anderem von der Bodenfeuchtigkeit und der Temperatur ab. Der Haken: Man weiß nie genau, wie lange der Düngervorrat vorhält. Wer Langzeitdünger verwendet, sollte

daher seine Pflanzen gelegentlich inspizieren: Werden die Blätter gelb oder geht die Blühfreudigkeit auffällig zurück, obwohl der nächste Düngetermin laut Packungsangaben noch nicht fällig ist? Dann die Pflanzen jetzt schon mit neuem Depotdünger versorgen oder sie bei akutem Nährstoffmangel mit Flüssigdünger verarzten (siehe S. 64).

Achtung, während einjährige Balkonblumen gedüngt werden, bis der Frost die Blütensaison beendet, sollten Sie das Düngen bei Naschobst und Kübelpflanzen Ende August einstellen. Dadurch sorgen Sie dafür, dass das Holz rechtzeitig ausreifen kann und die Pflanzen gut über den Winter kommen.

BEWÄSSERUNG MIT SYSTEM

Schluss mit Gießkannenschleppen

DASS GÄRTNERN EIN SUPER Fitnesstraining ist, merken Sie spätestens im Sommer: Wenn die Sonne unerbittlich vom Himmel brennt, dürfen insbesondere

Topfgärtner oft mehrmals täglich die Gießkanne schleppen. Das kann auf die Dauer ganz schön nerven, doch zum Glück gibt es ein paar Tricks, mit denen Sie sich das Leben erleichtern können.

Wer sich beispielsweise ohnehin neue Pflanzgefäße zulegen möchte, sollte auf

Exemplare mit integriertem **Wasserspeicher** achten. Solche Balkonkästen, Kübel oder Blumenampeln besitzen einen doppelten Boden und werden über einen Einfüllstutzen mit Wasser betankt. Ganz nach Bedarf versorgen sich die Pflanzen dann je nach Witterung für mehrere Tage selbst mit Wasser. Damit es keine Enttäuschungen in Form vertrockneter Pflanzen gibt, sollte man allerdings in den ersten Wochen nach dem Bepflanzen noch ganz normal gießen: Die Selbstversorgung funktioniert nämlich erst ab dem Zeitpunkt, da die Pflanzen mit ihren Wurzeln den doppelten Boden erreicht haben.

Herkömmliche Pflanzgefäße kann man übrigens ganz leicht nachrüsten: Fragen Sie im gärtnerischen Fachhandel nach **Bewässerungsmatten**. Dabei handelt es sich um sehr saugfähigen Vliesstoff, den Sie mit der Schere passgenau zurechtschneiden können und dann auf den Boden des Balkonkastens oder der Blumenampel legen.

Ein weiterer Kniff, um sich ein paar Gießgänge zu sparen: Verwenden Sie möglichst große Pflanzgefäße. Ein kleines Hochbeet (siehe S. 66) kann auch auf dem Balkon ausgesprochen attraktiv wirken und trocknet weniger schnell aus als mehrere kleine Töpfe. Das erleichtert das Gießen auch für die Urlaubsvertretung, um die man sich tunlichst kümmern sollte, wenn man bei seiner Rückkehr aus den Ferien knackige Pflanzen anstelle von Trockenblumen wiederfinden möchte. Es sei denn natürlich, Sie gönnen sich den kleinen Luxus einer Tropfbewässerung mit Zeitschaltuhr, die es nebst Anleitung im Fachhandel gibt. Sie wird an den Wasserhahn angeschlossen und versorgt Ihre grünen Mitbewohner zuverlässig mit dem kostbaren Nass.

Wer lediglich einen kleinen Wochenendtrip plant, kann sich eine einfache Form der **Tropfbewässerung** auch mit wenig Aufwand selbst basteln: Stellen Sie einen Eimer oder eine Babybadewanne voll Wasser auf den Balkon und hängen Sie mehrere zuvor im Wasser eingeweichte dicke Wollfäden oder dünne Stoffstreifen hinein. Die anderen Enden stecken Sie in die Erde der zu bewässernden Pflanzen. Beginnt das Substrat auszutrocknen, wird über die Fäden oder den Stoff Wasser nachgesaugt. Auch Wasserflaschen aus Kunststoff können, mit Bewässerungsspikes (siehe S. 154) versehen, für kurze Zeit die Pflanzenversorgung übernehmen.

Ein Gartenschlauch macht das Leben in Sachen Bewässerung deutlich leichter – und zwar auch auf dem Balkon oder der Dachterrasse: Mittlerweile gibt es spezielle Adapter, mit deren Hilfe man den Schlauch auch an Indoor-Wasserhähne anschließen kann. Ein Ende der Durststrecke ist in Sicht.

IM NASSEN VERTROCKNET

Tödliches Missverständnis

REGELMÄSSIGES GIESSEN ist für Pflanzen lebenswichtig – ein Zuviel des Guten kann ihnen aber auch den Garaus machen. Die feinen Wurzeln, über die sich die Pflanzen ernähren, sind nämlich nicht nur auf Wasser angewiesen, sondern auch auf ausreichend Sauerstoff. Besonders groß ist die Gefahr zu ersticken für Topfpflanzen: Während überschüssiges Wasser im Gartenboden in den meisten Fällen nach und nach versickert, steht es in geschlossenen Töpfen unbemerkt oft tagelang. Durch den Luftabschluss beginnen die Wurzeln nach einiger Zeit abzufaulen, die Pflanzen können kein Wasser mehr aufnehmen und lassen die Blätter hängen – obwohl sie mitten im Überfluss stehen. Das hat mitunter fatale Folgen, denn die hängenden Blätter signalisieren dem Gärtner: Oje, die arme Pflanze hat Durst, da gebe ich ihr gleich mal einen ordentlichen Schwung Wasser. Ein kleiner Trost: Nahezu jeder Gärtner ist am Anfang seiner Laufbahn schon einmal in diesen Teufelskreis geraten und hat das eine oder andere unschuldige Pflänzchen mit den besten Absichten zu Tode gegossen.

Zum Glück gibt es viele Möglichkeiten, solchen Missverständnissen vorzubeugen. Eine der wichtigsten Maßnahmen: Sorgen Sie für einen guten Wasserablauf. Das beginnt damit, dass alle verwendeten Pflanzgefäße Wasserabzugslöcher im Boden haben sollten. Viele Töpfe und Kübel sind damit von vornherein ausgestattet, bei Kunststoffgefäßen sind sie meist zumindest vorgeprägt und müssen nur noch mit der Bohrmaschine geöffnet werden. Praktisch sind Varianten mit Stöpsel, die Sie verschließen können, falls Sie die Gefäße im Haus verwenden möchten. Wer auf Nummer sicher gehen möchte, stellt die Töpfe oder Kübel zusätzlich auf kleine Steinfüßchen oder Holzklötzchen.

Für Gefäße ohne Wasserabzugslöcher ist eine **Drainageschicht** unter der Blumenerde Pflicht. Dazu befüllen Sie Topf oder Kasten zunächst je nach Gefäßgröße 3–10 cm hoch mit Kies oder Blähton. Darauf kommt ein dünnes Stück Stoff oder wasserdurchlässiges Vlies, und erst danach wird die Blumenerde eingefüllt. Das Stück Stoff sorgt hier dafür, dass sich Erde und Drainage nicht vermischen. Es gibt mittlerweile auch fertige Drainagekissen in verschiedenen Größen zu kaufen, die Sie mit einem Handgriff im Topf oder Blumenkasten platzieren können. Aus einem kleineren Kissenbezug oder einem alten Leinenbeutel ist ein solches stets einsatzbereites Kissen auch rasch selbst gebastelt.

Steht eine Pflanze schon seit geraumer Zeit im Nassen, sollten Sie schnell handeln. Nehmen Sie sie aus dem Topf und pressen Sie den Wurzelballen so gut wie möglich aus. Anschließend stellen Sie ihn ohne Topf auf eine saugfähige Unterlage in die Sonne. Je nach Ballengröße kann es auch sinnvoll sein, die äußeren Erdschichten zu entfernen und die halbwegs abgetrocknete Pflanze in

neue Erde zu setzen – ausnahmsweise mal ohne Angießen, damit die trockene Erde noch mehr Wasser aus dem Ballen zieht. Hat sich die Pflanze wieder etwas erholt, dürfen Sie vorsichtig wieder etwas gießen. Lassen Sie die Erde zwischen den Gießgängen aber immer vollständig abtrocknen.

Die sicherste Methode, um zu überprüfen, ob Pflanzen wirklich Wasser brauchen, ist gleichzeitig die einfachste: Stecken Sie den Finger etwa ein Fingerglied tief in die Erde. Ist die Erde auch in dieser Tiefe trocken, ist Gießen angesagt.

BLÜHFAULE BALKONBLUMEN

Energydrink für Leistungssportler

DIE SAISON BEGANN mit einem blütenreichen Versprechen, aber nun scheinen sich Kübelpflanzen und Balkonkastenschönheiten mit einem Mal in die Sommerferien verabschiedet zu haben. Verdienterweise zugegeben, denn in den vergangenen Wochen haben sich Petunien, Geranien, Oleander (*Nerium*

oleander) und Co. bis zur Erschöpfung verausgabt, und nun fehlt ihnen schlicht die notwendige Energie für neue Blüten. Entsprechend leicht lassen sie sich glücklicherweise auch wieder aus der Reserve locken: Wer die Blütenstars einmal wöchentlich mit einer ordentlichen Portion Flüssigdünger im Gießwasser versorgt, braucht künftig keine Blühpausen mehr zu befürchten. Normalerweise jedenfalls, aber auf Balkon und Terrasse finden sich einige Vielfraße, die eine Extraportion Dünger für sich beanspruchen. Die imposante Engelstrompete (*Brugmansia*) ist so eine Kandidatin, aber auch Zylinderputzer (*Callistemon*), Wandelröschen (*Lantana*), Bleiwurz (*Plumbago*) und viele andere Kübelpflanzen beweisen in der Hauptwachstumszeit von Mai bis Ende August einen ausgeprägten Appetit. Sie lassen sich gerne zwei- bis dreimal pro Woche einen gehaltvollen Nährstoffcocktail schmecken.

Beim Gang durchs Gartencenter stellt sich allerdings schnell die Frage, welcher der unzähligen **Flüssigdünger** der richtige Kraftstoff für die Hochleistungsblüher und die übrigen Balkonpflanzen ist: Braucht man wirklich jeweils einen speziellen Dünger für jede Art? Nein, die meisten Spezialprodukte wie Engelstrompetendünger, Geraniendünger und andere Spezialdünger sind zum Glück überflüssig, ein normaler Balkon- oder Blütenpflanzendünger für alle genügt völlig.

Es gibt aber auch Ausnahmen. Sinnvoll ist beispielsweise ein Zitruspflanzendünger. Er enthält besonders viel Eisen und beugt dadurch Chlorosen vor. Das ist ein typisches Mangelsymptom, das selbst Anfänger bei den wärmeliebenden Südländern in Form von gelben, nur noch von grünen Blattadern durchzogenen Blättern erkennen können. Und wo Rhododendren oder Hortensien Balkon, Terrasse oder Hinterhof verschönern, sollte ein Rhododendron- oder Moorbeetpflanzendünger zur Hand sein. Die eleganten Gehölze gedeihen nämlich am besten in leicht saurer Erde und benötigen daher einen Dünger, der für einen entsprechend niedrigen pH-Wert sorgt.

MULTITALENT HOCHBEET

Jetzt geht's hoch hinaus

EIN TOPFGARTEN IST EINE feine Sache. Ein Hochbeet ist noch besser. Ob gekauft oder aus einigen Brettern selbst gebaut, die schmucken Kästen bieten gleich eine ganze Reihe von Vorteilen: Sie fallen nicht um und trocknen dank ihres größeren Volumens im Sommer nicht so schnell aus. Mehr Platz für die Wurzeln bedeutet weniger Stress für die Pflanzen. Man kann ganz bequem im Stehen gärtnern. Und schließlich sind sie mit einer Wunderfüllung versehen, die insbesondere Gemüse zu wahren Höchstleistungen treibt.

Genau genommen sind Hochbeete nämlich eine Art schicker Komposter (siehe S. 37): Als unterste Lage schichtet man 30 cm hoch grob zerkleinerte Äste und Zweige ein. Darauf kommen eine etwa 20 cm hohe Schicht Rasenschnitt, eine rund 30 cm starke Lage Laub, das man anschließend leicht angießt, und 30 cm Rohkompost. Den Abschluss bildet eine 15 cm starke Lage gut verrotteter Kompost. Mikroorganismen wandeln diesen Mix nach und nach in Humus um, wodurch entsprechend viele Nährstoffe freigesetzt werden und sich das Beet zudem leicht erwärmt.

Düngen? Können Sie sich künftig sparen. Stecken Sie das Geld lieber in neues Gemüsesaatgut: Durch den Rottevorgang erwärmt sich das Hochbeet, und das verlängert die Saison um einige Wochen, die Sie unbedingt nutzen sollten. Durch die Humusbildung wird das Beet nach und nach etwas absacken.

Füllen Sie dann einfach mit Kompost nach. Nach fünf Jahren sollten Sie das Hochbeet allerdings komplett neu befüllen. Bezüglich der Hochbeetmaße gilt: So anlegen, wie man Platz hat, dabei aber immer darauf achten, dass man bequem überall hinkommt.

Im Garten lassen Sie den Boden des Hochbeets weg und tragen die darunter befindlichen Rasensoden ab. Ein engmaschiges Drahtgitter zwischen Kasten und Erde hält Wühlmäuse fern.

OBSTBAUM IM KÜBEL

Süße Top(f)-Stars

NICHT NUR GEMÜSE gedeiht auf dem Balkon und im Hinterhof, auch Obstgehölze fühlen sich hier pudelwohl, sofern sie genügend Sonne abbekommen. Für kleine Balkone eignen sich vor allem Zwerg- und **Säulenformen** gut, die nur 1,5–4 m hoch werden. Da die Gehölze im Topf schneller gestresst sind als im Freiland, ist es umso wichtiger, Sorten mit hoher Widerstandsfähigkeit gegen Viruserkrankungen zu wählen. Empfehlenswert sind beispielsweise die Säulenäpfel 'Goldlane', 'Sonate' und 'Rondo', die Säulenbirne 'Concorde' und die Säulenkirsche 'Sylvia'. Bei den Zwetschgen machen Sie mit der Säulensorte 'Anja' und der Zwerg-Zwetschge 'Jojo' nichts verkehrt.

Super sind diese platzsparenden Obstgehölze aber auch für alle, die sich nicht so recht ans Schneiden herantrauen. Der **Schnitt** ist nämlich in wenigen Sätzen erklärt: Die Seitentriebe der Säulenäpfel nehmen Sie in der zweiten Junihälfte auf zwei **Augen** zurück (als Augen bezeichnet man die kleinen flachen Knubbel am Trieb). Das entspricht einer Länge von etwa 3 cm. Bei allen anderen genannten Obstarten kürzen Sie die Seitentriebe auf etwa 15 cm Länge ein – nicht besonders kompliziert, oder?

Verwenden Sie für Obstbäume Pflanzgefäße mit einem Fassungsvermögen von mindestens 25 Litern, besser mehr. Das sorgt für einen sicheren Stand, und die Pflanzen bekommen genug Beinfreiheit.

ALLES, WAS RECHT IST

GIESSWASSER VOM BALKON

Rumpelstilzchens Regentanz

Wasserabzugslöcher in Pflanzgefäßen sind grundsätzlich richtig und wichtig (siehe S. 63). Dumm nur, wenn das ablaufende Wasser eine Etage tiefer auf schimpfende Nachbarn trifft. Wenn es mal ein bisschen tröpfelt, ist dies zwar nach Ansicht der meisten Gerichte ebenso hinzunehmen wie gelegentlich herabrieselnde Blätter. Wer täglich einen Wasserfall nach unten schickt, muss aber mit Konsequenzen rechnen – erst recht, wenn durch das Gießwasser womöglich die Balkonmöbel des Nachbarn oder die Fassade Schaden nehmen. Mögliche Lösungsansätze: Hängen Sie die Balkonkästen nach innen (vorausgesetzt, der Balkonboden ist geschlossen) oder verwenden Sie Wasserspeicherkästen mit geschlossenem Boden, die Ihnen zudem einige Gießgänge sparen. Töpfe und Kübel stellt man am besten auf Untersetzer.

WASSERKOSTEN SENKEN

Spritgeld kassieren

SCHON AUF EINEM SÜDBALKON vergießt man im Laufe einer Saison etliche Liter Wasser – umso mehr, wenn der Balkon überdacht oder der Sommer heiß und trocken ist. Wasser, für das man unter anderem Abwassergebühren zahlt – obwohl das kühle Nass gar nicht in die Kanalisation gelangt. Nicht nur im Garten, sondern auch auf Dachterrassen oder in Hinterhöfen kann es sich daher lohnen, einen separaten Wasserzähler für Gartenwasser zu installieren. Viele Gemeinden verzichten dann für das über diesen Zähler erfasste Wasser auf die Abwassergebühren. Auf diese

Weise hat man die Kosten von etwa 25 Euro für das Ablesegerät rasch wieder heraus. Erkundigen Sie sich jedoch zunächst nach den Bedingungen, die in Ihrer Gemeinde gelten. In manchen Städten muss man lediglich den Einbautag angeben, während andernorts eine offizielle Abnahme notwendig ist. Und während in einigen Gemeinden erst Verbrauchsmengen oberhalb einer bestimmten Kubikmeterzahl von der Abwassergebühr befreit sind, spart man in vielen anderen Städten bereits ab dem ersten Tropfen.

HÄNGE-ERDBEEREN

Gruß aus dem Schlaraffenland

GEBRATENE TAUBEN, die einem unaufgefordert in den Mund fliegen, sind mit Sicherheit nicht jedermanns Sache. Aber aromatische Erdbeeren, die einem verlockend vor der Nase baumeln, während man faul im Liegestuhl die Sonne genießt, gegen diese Version des Schlaraffenlands dürften die wenigsten etwas einzuwenden haben. Wem diese Vorstellung gefällt, der kann sie ganz leicht Wirklichkeit werden lassen, denn in Ampeln oder Balkonkästen gepflanzt finden Erdbeeren selbst auf dem winzigsten Balkon Platz. Besonders attraktiv sind Sorten mit roten Blüten wie 'Camara', während bewährte Sorten wie beispielsweise die robuste, selbstfruchtbare 'Mieze Nova' besonders wohlschmeckende Früchte hervorbringen.

Viele Gärtnerein und Gartencenter bieten auch Hänge- oder Kletter-Erdbeeren an. Dabei handelt es sich meist um Wald- oder Monats-Erdbeeren (*Fragaria vesca*), die kleinere Früchte bilden, dafür aber eine ganze Saison lang tragen und auch im Halbschatten gedeihen. Mit ihren dekorativen Ausläufern sehen sie witzig aus, bringen aber meist geringere Erträge als normale Garten-Erdbeeren (*Fragaria × ananassa*): Die Kraft, die sie in die Ausläufer stecken, fehlt für die Bildung von Früchten.

Die Ausläufer können Sie auch abnehmen, wieder einpflanzen und an Freunde verschenken. Da Erdbeerpflanzen nach zwei Jahren durch neue ersetzt werden, sollten Sie im zweiten Jahr einige kräftige Ausläufer für sich selbst eintopfen.

PFLANZEN ÜBERWINTERN

Winterurlaub für Exoten

EINE GANZE SAISON lang haben Granatapfel (*Punica*), Schmucklilien (*Agapanthus*) und ihre attraktiven Gefährten für nicht enden wollende Blütenfülle gesorgt. Doch allmählich wird es kühler, und spätestens, wenn die ersten Blätter gen Boden segeln, sollte man sich Gedanken über ein **Winterquartier** für die wärmeliebenden Topfbewohner machen. Grundsätzlich gilt: Laubabwerfende Kübelpflanzen wie Hibiskus und Engelstrompete akzeptieren auch einen Platz im dunklen Keller, immergrüne Arten wie Oleander und Zitrone brauchen hingegen auch im Haus ausreichend Licht. Gut geeignet ist beispielsweise ein helles Treppenhaus.

Was die Temperaturen angeht, so ist **Frostfreiheit** das oberste Gebot. Die meisten bekannten Kübelpflanzen fühlen sich bei 10 °C wohl, einige Arten wie Enzianstrauch (*Lycianthes rantonnetii*) oder Bougainvillea tolerieren auch einen kühleren Stand, verlieren dann jedoch ihre Blätter. Eine Überwinterung im Zimmer ist wärmeliebenden Arten wie Schönmalve (*Abutilon*) oder Kentiapalme (*Howeia fosteriana*) vorbehalten – wenn es denn sein muss, denn die trockene Heizungsluft macht schon den gewöhnlichen Zimmerpflanzen oft arg zu schaffen. Gewöhnen Sie die Pflanzen auf jeden Fall allmählich an die Wohnraumbedingungen und kontrollieren Sie sie regelmäßig auf Schädlingsbefall. Das gilt prinzipiell für alle Pflanzen im Winterquartier, genau wie die Empfehlung, sie in dieser Zeit nur **zurückhaltend zu gießen**. Die Erde darf zwischen den Gießgängen ruhig ein paar Tage lang vollkommen trocken sein. Auch so beugen Sie Schädlingsbefall vor.

Wer geklärt hat, wo seine Kübelpflanzen den Winter verbringen werden, muss aber nicht direkt zur Sackkarre greifen: Da im Winterquartier nur selten optimale Bedingungen herrschen und die Zeit dort für die Pflanzen Stress bedeutet, werden sie so spät wie möglich eingeräumt. Empfindliche Arten wie Engelstrompete, Hibiskus, Bougainvillea, Enzianstrauch und Kentiapalme ziehen um, sobald sich die ersten Fröste ankündigen. Zitruspflanzen, Schmucklilien, Zylinderputzer, Oleander und Schönmalve folgen, wenn die Temperaturen unter −5 °C fallen, und

GARTEN EXTRA

Essbare Zierpflanzen

Leidenschaftliche Gärtner selten mit dem Platz zufrieden, den sie zur Verfügung haben. Aber wenn es beispielsweise um die Frage geht, ob Gemüse oder Blumenschmuck, dann gibt es eine frohe Kunde: Viele Gemüsearten können es in Sachen Zierwert nämlich durchaus mit so mancher Balkonblume aufnehmen.

Und dabei sprechen wir längst nicht nur über Tomaten, Paprika und Mangold in vielen verschiedenen Farben, violetten Blumenkohl oder den bereits treffend benannten Palmkohl (*Brassica oleracea* 'Nero di Toscana'). Da gibt es zum Beispiel auch die Süßkartoffel (*Ipomoea batatas*), eine tatsächlich eher aus dem Zierpflanzenbereich bekannte Blattschmuckpflanze, die aber ganz nebenbei überaus wohlschmeckende Knollen bildet. Auch Fenchel (*Foeniculum*) mischt sich mit seinem filigranen Laub und den zarten Knollen seit einigen Jahren verstärkt unter Stauden und Sommerblumen – warum nicht auch in Hochbeeten und Töpfen?

Und schließlich gibt es eine Reihe von Pflanzen, die tatsächlich mit attraktiven Blüten aufwarten, allen voran der Topinambur (*Helianthus tuberosus*), dessen nahe Verwandtschaft mit der Sonnenblume (*Helianthus annuus*) unübersehbar ist. Vielleicht sollte man einmal ein Gericht aus Topinamburknollen mit gerösteten Sonnenblumenkernen versuchen. Ebenfalls einen Versuch wert sind die Samen der Weißen Lupine (*Lupinus albus*), auch wenn ihre Blüten eher Wildstaudencharakter besitzen als die der bekannten Vielblättrigen Lupine. Und die Knollen der Prärielilie (*Camassia quamash*) sind bei einigen Indianerstämmen Nordamerikas beliebt – mit ihren blauen Blüten dienen sie in unseren Breiten eher als Augenschmaus.

Granatapfel und Olivenbäumchen halten es kurzzeitig sogar bis –10 °C an einem geschützten Platz im Freien aus. Achtung, nicht alle Pflanzgefäße sind frostfest, weshalb sie bei Minusgraden platzen können. Besonders bei Terrakottagefäßen lohnt es sich, beim Kauf nach der Frostbeständigkeit zu fragen.

Sollten Sie bereits einige Kübelpflanzen besitzen, aber kein geeignetes Winterquartier, fragen Sie mal bei der örtlichen Gärtnerei nach: Viele Gärtner bieten einen Überwinterungsservice an.

RASEN

Grün, grüner, am grünsten: Wer alle Ratschläge in diesem Kapitel beherzigt, kann sich danach schon fast zum Greenkeeper-Lehrgang anmelden. Aber auch wenn Ihnen ein perfekter Rasen viel zu langweilig ist, sollten Sie einen Blick auf die folgenden Seiten riskieren: Die Tipps für einen farbenfrohen Frühling mit Krokussen, Tulpen und Co. oder eine bunte Blumenwiese sind dann genau das Richtige.

RASEN NEU AUSSÄEN

Die Mischung macht's

OB SIE SICH BEI IHREM neu angelegten Rasen bald über saftiges Grün und weiche, dicht an dicht stehende Halme freuen können, hängt im Wesentlichen von drei Faktoren ab: der Bodenvorbereitung, der richtigen Saatmischung und der passenden Pflege (siehe S. 76ff). Grundregel Nummer eins: Keine Billigmischungen wie den »Berliner Tiergarten« verwenden. Darin befinden sich größtenteils minderwertige Grasarten, die ungleichmäßig und struppig wachsen und noch dazu sehr schnell, was zusätzlichen Mähaufwand bedeutet. Wählen Sie die Mischung nach dem Hauptzweck des Rasens aus: Zierrasen, Spiel- beziehungsweise Strapazierrasen oder Schattenrasen, der auch in absonnigen Gartenbereichen rasch eine dichte Grasnarbe bildet und so keinen Platz für Moos und Co. lässt.

Noch recht neu sind Rasenmischungen mit Mikroklee. Eine clevere Idee, da der besonders kleinblättrige Klee ausgesprochen robust und trockenheitstolerant ist und auch in niederschlagsarmen Sommern dichte, frischgrüne Teppiche bildet. Zudem sinkt der Düngerverbrauch im Vergleich zu normalen Rasenmischungen. An den Wurzeln des Klees sitzen nämlich sogenannte Knöllchenbakterien, die Stickstoff aus der Luft binden können. Auf diese Weise düngen sich die Pflänzchen selbst, und es muss weniger zugefüttert werden.

Bei der **Bodenvorbereitung** gründlich vorzugehen lohnt sich nachhaltig. Zunächst lockern Sie die Erde, bei größeren Flächen am besten mithilfe einer Motorfräse, die Sie im Baumarkt leihen können. Anschließend lesen Sie Steine, Wurzeln und Reste von Wurzelunkräutern (siehe S. 17) auf. Je weniger Teile im Boden verbleiben, desto besser stehen die Chancen, später tatsächlich einen nahezu unkrautfreien Rasen zu erhalten. Dann lockern Sie die Fläche noch einmal mit der Hacke und ziehen den Boden glatt – mit einer Harke oder, wie es die Profis machen, mit einer langen Holzlatte. Nun planieren Sie die Erde mit Trittbrettern unter den Füßen oder mit einer im Baumarkt ausgeliehenen Handwalze. Dadurch erkennt man größere Unebenheiten, die im lockeren Boden zuvor kaum auffielen, und kann sie ausgleichen. Optimalerweise rauen Sie die Erdoberfläche mithilfe der Harke nun noch einmal leicht auf, und dann können Sie endlich säen.

Am gleichmäßigsten wird das Ergebnis mit einem Streuwagen, mit dem Sie erst die Rasensamen und dann einen Rasen-Startdünger auf der vorbereiteten Fläche verteilen. Wer per Hand aussät, schleudert die Samen – ähnlich wie beim Frisbeespielen – in weitem Bogen von sich. Anschließend planieren Sie die Fläche noch einmal mittels Handwalze oder Trittbrettern, um für optimalen Bodenkontakt zu sorgen.

Jetzt noch mit feiner Düse angießen und in den kommenden drei Wochen die Erde nicht austrocknen lassen. Dann haben die Halme schon bald eine Höhe von 8 cm erreicht, und Sie können zum ersten Mal mähen.

Mai und September sind optimal für die Rasenaussaat geeignet, in den Monaten dazwischen wird es meist sehr warm, dann sollten Sie häufiger wässern.

ROLLRASEN

Blitz-Grün für Ungeduldige

VORFREUDE IST DIE SCHÖNSTE Freude? Mag sein, aber so ein winziges bisschen schneller könnte der verflixte Rasen schon sprießen ... Wer sich am liebsten schon am nächsten Tag auf dem perfekten Green ausstrecken würde, für den ist Rollrasen optimal. Wie so oft gilt allerdings: Zeit ist Geld. Wenn Sie den Rasen selbst beim Produzenten abholen, bekommen Sie den Quadratmeter zwar gelegentlich schon für unter zwei Euro. Meist wird man sich die abge-

schälten Rasenrollen jedoch anliefern lassen, und das schlägt leicht mit weiteren vier bis fünf Euro zu Buche.

Wie beim Rasensaatgut können Sie auch bei der bereits fertig herangezogenen Variante zwischen Zierrasen, Spiel- beziehungsweise Strapazierrasen und Schattenrasen wählen. Die Rollen werden in der Regel direkt nach dem Schälen ausgeliefert und sollten dann auch möglichst sofort verlegt werden – bedenken Sie das, wenn Sie den Liefertermin vereinbaren. Falls Sie die Rollen doch für einige Stunden lagern müssen, dann bitte an einem kühlen schattigen

Platz. Tipp: Planen Sie die Bodenvorbereitungen bereits für den Vortag ein, dann können Sie umgehend mit dem Verlegen beginnen.

Die Vorbereitungen selbst entsprechen exakt denen der Rasenaussaat (siehe S. 74), zusätzlich sollten Sie einen Startdünger gemäß Packungsanleitung ausbringen, ehe Sie die erste Rasenbahn ausrollen. Arbeit spart Rollrasen also leider nicht, im Gegenteil, denn die Bahnen passgenau zu verlegen ist deutlich schwieriger, als Rasensaatgut zu verteilen. Ist der grüne Teppich komplett, walzen Sie ihn einmal in Längs- und einmal in Querrichtung an und bewässern ihn sehr gründlich, 15–20 Liter Wasser je Quadratmeter

lautet die Anbieterempfehlung. Gießen, gießen und nochmals gießen ist in den nächsten zwei bis drei Wochen das A und O, damit die Rasensoden erfolgreich einwurzeln. Danach können Sie die Bewässerung auf das normale Maß zurückfahren (siehe S. 80).

Betreten dürfen Sie Ihr neues Green vom ersten Tag an, stärkere Belastungen sollten Sie aber noch vermeiden. Mit einer Ausnahme: Sobald die Halme etwa 5 cm lang sind, wird es Zeit, die erste Runde mit dem Rasenmäher zu drehen. Nach vier bis sechs Wochen ist der Rasen, wenn alles richtig gemacht wurde, angewachsen. Ab jetzt dürfen ihn tobende Kinder und grillfreudige Freunde in Beschlag nehmen.

RASEN AUFPEPPEN

Frühjahrskur für Halm und Wurzel

SCHNEE UND EIS hinterlassen mitunter deutliche Spuren auf dem Rasen – Zeit für ein kleines Fitnessprogramm. Als Erstes mähen Sie den Rasen Ende März auf 2 cm herunter. Dann kommt das vielleicht wichtigste Gerät im Kampf gegen Bodenverdichtung und Unkraut zum Einsatz: der **Vertikutierer**. Als

Handgerät erinnert er an eine mit Messern besetzte Harke, die motorisierte Variante sieht aus wie ein rotierender Messerblock. Beide Geräte ritzen die Grasnarbe etwa 2 mm tief an. Dabei wird alter Rasenfilz auf- und Moos herausgerissen und gleichzeitig der Boden belüftet. Das herausgerupfte Pflanzenmaterial entfernen Sie mit einem Rechen. Und keine Angst, wenn der Rasen danach auf den ersten Blick schlimmer aussieht als zuvor, dieser Zustand ist zum Glück nur von kurzer Dauer. Denn wenn Sie nun noch eine Portion Rasen-Langzeitdünger auf der Fläche verteilen, erstrahlt sie schon bald in frischem Grün. Tipp: Auf schweren Lehmböden (siehe S. 24), die zu **Verdichtungen** neigen, können Sie bei der Gelegenheit gleich auch noch eine 1–2 cm hohe Schicht aus gewaschenem Sand auf der Fläche ausbringen. Dieser Sand ist zum Belüften gut geeignet, da er kaum Feinanteile besitzt. Der nächste Regenguss wird ihn ganz ohne Ihr Zutun rasch in den Boden einschwemmen.

Auch einzelne kahle Stellen im Rasen sind im Nu geflickt: Mähen und vertikutieren Sie den Rasen wie gewohnt und streuen Sie auf die nackten Stellen etwas Grassamen sowie Langzeitdünger. Nun eine dünne Schicht Kompost aufbringen, festklopfen und angießen, fertig – und schon bald so gut wie neu. Ein engmaschiges Netz darüber verhindert, dass Vögel das Saatgut wieder herauspicken.

DER RICHTIGE MÄHER

Schlachtross oder wendiger Flitzer?

WER EINEN RASENMÄHER kaufen möchte, hat schnell das Gefühl, im Fuhrpark zu stehen statt im Gartencenter. Zahlreiche Modelle buhlen um die Gunst der Gartenbesitzer, dabei reicht die Bandbreite vom kraftvollen Benziner über die besonders leisen Elektromäher bis hin zum kleinen Spindelmäher, der noch ausschließlich per Muskelkraft betrieben wird, oder dem Mulchmäher (siehe S. 79). Welcher für Sie der richtige ist, hängt von verschiedenen Faktoren ab. Spindelmäher beispielsweise sind umweltfreundlich im Antrieb und hinterlassen zudem eine besonders gepflegte Rasenfläche, da sie die Halme mit sauberer Kante abschneiden. Dadurch verbräunen die Schnittkanten weniger stark als bei den weit verbreiteten Sichelmähern, die es als Benziner und als Elektromäher mit Kabel oder mit Akku gibt. Für kleinere Flächen sind die wendigen Spindelmäher ohnehin optimal geeignet, für größere Flächen kommen elektrisch betriebene Modelle infrage.

Sichelmäher haben allerdings den Vorteil, dass sie auch höheres Gras mühelos schneiden, während Spindelmäher auf Wuchshöhen bis 8 cm beschränkt sind.

Für den Anfang sind Benzin- oder Akku-Rasenmäher in jedem Fall einfacher zu handhaben als Elektromäher mit Kabel. Es bedarf nämlich einer gewissen Übung, um das Kabel rechtzeitig mit einer schwungvollen Handbewegung aus der Bahn des Mähers zu werfen. Akku-Mäher sind Benzinern in Sachen Lautstärke und Abgas eindeutig voraus, allerdings muss man auch daran denken, den Akku rechtzeitig wieder aufzuladen. Ist im Garten kein Stromanschluss vorhanden, kann daher der Benziner unter Umständen praktischer sein. Ein wunderbares, aber teures Spielzeug sind Aufsitzrasenmäher, für die sich vor allem die männlichen Gärtner schnell begeistern. Nach einem Blick aufs Preisschild lässt das Funkeln in den Augen aber meist rasch nach – denn lohnend sind solche meist mehrere Tausend Euro teuren Minitraktoren in der Regel nur in ländlichen Gebieten mit großen Grundstücken.

Egal, für welche Variante Sie sich entscheiden, die **Mähhäufigkeit** ist für alle dieselbe und hängt von der Wuchsgeschwindigkeit des Rasens ab. Zwischen März und Ende Oktober heißt es mindestens einmal wöchentlich ab zum Mähen. Im Mai und Juni, wenn die Halme so richtig nach oben schießen, kann es sogar notwendig sein, alle drei bis vier Tage zum Mäher zu

greifen. Ausschlaggebend ist die Höhe der Grashalme: Da man sie möglichst nie um mehr als ein Drittel einkürzen sollte, ist eine Wuchshöhe von 6 cm ein guter Richtwert. Den Mäher stellen Sie dann auf eine Schnitthöhe von 4 cm ein. Tipp: Beachten Sie auch die Pflegehinweise der Saatgutersteller. Je nachdem, welche Gräserarten in einer Mischung enthalten sind, können die Schnitthöhen variieren. Schattenrasen beispielsweise wird meist nur auf 5 cm gestutzt. Grundsätzlich empfiehlt sich das auch bei anhaltender Trockenheit und ab Oktober, wenn sich die Saison allmählich dem Ende entgegenneigt.

RASENSCHNITT ENTSORGEN

Wertvoller Dünger

BEI EIN- BIS ZWEIMAL MÄHEN wöchentlich kommt einiges an Rasenschnitt zusammen. Und da Gras ein super Dünger ist, wäre es schade, das Mähgut einfach nur in der Biotonne zu entsorgen. Kompostieren (siehe S. 37) ist die eine Möglichkeit, die im Gras enthaltenen Nährstoffe sinnvoll zu nutzen. Wer ohnehin gerade überlegt, sich einen neuen Mäher zuzulegen, für den ist aber möglicherweise auch eine zweite, fast noch bessere Variante interessant, nämlich ein **Mulchmäher**.

Dieser noch recht neue Mähertyp wird aus gutem Grund immer beliebter: Mulchmäher häckseln die Grashalme besonders klein und lassen sie anschließend einfach zurück auf den Rasen rieseln. Dadurch wird dieser kontinuierlich mit Nährstoffen versorgt und entwickelt sich besonders gut. Damit die Grasschnipsel nicht zu groß geraten, sollte man den Mulchmäher konsequent zweimal wöchentlich durch den Garten schieben. Das macht zwar Arbeit, dafür spart man sich sowohl das nervige Leeren des Fangkorbs, für das man bei gewöhnlichen Mähern immer wieder Pausen einlegen muss, als auch teuren Rasendünger.

Generell sollten Sie Ihren Rasen nur mähen, wenn er möglichst komplett abgetrocknet ist. Beim Mulchmähen ist das umso wichtiger, da das feine Grashäcksel sonst verkleben kann – und das würde dem Rasen mehr schaden als nützen.

RASEN WIRD BRAUN

Wasser marsch – aber richtig

WENN DER RASEN IM SOMMER eher an eine Wurzelbürste erinnert denn an einen frischgrünen Teppich, haben Sie ihn wahrscheinlich entweder zu wenig oder aber zum falschen Zeitpunkt gewässert. Grundsätzlich muss man sich darüber im Klaren sein, dass Rasengräser durstige Geschöpfe sind, eine dichte Grasnarbe ohne Wässern ist im Sommer, wenn überhaupt, nur auf schattigen Flächen realistisch. Am heißesten ist es in der Regel in der Mittagszeit, wenn die Sonne erbarmungslos vom Himmel knallt. Wer regelmäßig um diese Zeit zum Schlauch greift oder den Rasensprenger anstellt, darf sich über braune Flächen nicht wundern: Da die feinen Wassertröpfchen wie kleine Brenngläser wirken, könnte man den Rasen auch gleich unter den Grill schieben.

Auch tägliches Wässern ist zwar gut gemeint, nutzt aber wenig, da das kühle Nass meist nur kurz auf den Rasen niedergeht, statt in tiefere Schichten vorzudringen. Besser: Stellen Sie den Rasensprenger nur zwei- bis dreimal in der Woche an, dann aber für mindestens 30 Minuten und idealerweise am frühen Morgen oder am Abend. Oder Sie lassen sich zum Geburtstag ein **Beregnungssystem** mit allen Schikanen schenken. Mittlerweile gibt es Rasensprenger nämlich nicht mehr nur mit Zeitschaltuhr, dank der Sie den optimalen Bewässerungszeitpunkt um vier Uhr morgens abpassen können, sondern auch mit Sensoren, die die Bodenfeuchte messen. Auf diesem Wert aufbauend, berechnet das Programm dann die erforderliche Wassermenge und die entsprechende Beregnungsdauer. Darüber hinaus kann man bei vielen Beregnungssystemen die individuellen Konturen der zu beregnenden Fläche eingeben. Dadurch vermeiden Sie, dass beispielsweise angrenzende Pflasterflächen sinnlos mitbewässert werden.

Wenn Sie ohnehin die Neuanlage einer Rasenfläche planen, können Sie die Gelegenheit nutzen, um ein Wasserspeichergranulat in den Boden einzuarbeiten. Dadurch nimmt die Speicherkapazität um ein Vielfaches zu und der Wasserverbrauch sinkt entsprechend.

GRUSELIGER PILZKREIS

Hexenringe wegzaubern

EIN BISSCHEN UNHEIMLICH sehen sie schon aus, die oft verfärbten oder vertrockneten Ringe im Gras, auf denen mitunter wie von Geisterhand Pilze aus dem Boden schießen. Diese Hexenringe entstehen, wenn ein Pilz sich unterirdisch von einem Punkt aus gleichmäßig in alle Richtungen ausbreitet und dann an der Außenseite Fruchtkörper durch den Rasen schiebt – also das, was man gemeinhin als Pilz bezeichnet. Das passiert vor allem in Rasenflächen, denen Nährstoffe fehlen und die stark verfilzt und entsprechend schlecht belüftet sind. Daher lautet das Rezept gegen das ringförmige Myzel, wie das Pilzgeflecht im Fachjargon genannt wird: für eine bessere Sauerstoffzufuhr sorgen und anschließend düngen.

Zunächst vertikutieren Sie den Rasen (siehe S. 76), um alten Filz zu entfernen. Dann stechen Sie mit einer Grabegabel immer wieder tief in das Myzel, um es zu zerreißen und Luft in den Boden zu lassen. Arbeiten Sie dabei den ganzen Kreis ab. Insbesondere auf schweren Böden, die leicht verdichten,

empfiehlt es sich, anschließend 2 cm hoch gewaschenen Sand auf der Kreisfläche zu verteilen. In besonders hartnäckigen Fällen können Sie auch zu einem Hand-Aerifizierer greifen. Dieses Gerät, das wie ein Spaten in den Boden gestochen wird, besitzt zwei hohle Zinken, mit denen es kleine Erdsäulen aus dem Boden hebt. Die Löcher können Sie anschließend mit Sand füllen. Zu guter Letzt düngen Sie den Rasen gemäß Packungsanweisung. Trockene Stellen sollten Sie in den kommenden zwei Wochen zudem intensiv wässern.

Falls notwendig, wiederholen Sie die Behandlung mehrmals. Führt auch das nicht zum Erfolg, sollten Sie den Boden an den betroffenen Stellen 30 cm tief und auf einer Breite von etwa 60 cm zu jeder Seite des Pilzkreises austauschen (in der Mitte ist das Myzel ohnehin meist abgestorben).

Bringen Sie keine Fungizide aus, denn die Anti-Pilzmittel töten auch die pilzlichen Gegenspieler der Hexenringarten ab. Auf diese Weise wird der Pilzkreis womöglich noch gestärkt.

UNKRAUT IM GRÜN

Vorbeugen ist besser als Jäten

GÄNSEBLÜMCHEN IM RASEN werden meist noch geduldet, Vogelmiere, Klee und Moos hingegen wollen die wenigsten Gärtner in ihrer Grünfläche sehen. Die gute Nachricht: Wenn Sie eine zum Standort und zur Belastung passende Saatgutmischung wählen und Ihrem Rasen ein Mindestmaß an Pflege zukommen lassen (siehe S. 76), werden Sie rasch mit einer dichten Grasnarbe belohnt, in der Unkräuter keine Chance haben. Selbst wenn Samenunkräuter wie Vogelmiere oder Weiß-Klee den Rasen beim Keimen mitunter noch überholen: Wenn Sie den neuen Rasen häufig mähen, geht den Störenfrieden rasch die Puste aus. Einzelnen **Wurzelunkräutern** wie dem Löwenzahn rücken Sie am besten mit einem Distelstecher zu Leibe, er packt das Übel an der Wurzel. Mit einigen Unkrautstechern kann man sogar im Stehen arbeiten: Mit dem Fuß wird das Gerät eingestochen und das Unkraut durch eine einfache Hebelbewegung aus dem Boden gezogen. Durch eine Bewegung, die an das Durchladen eines Repetiergewehrs erinnert, öffnen sich die Greiffinger wieder und lassen das Unkraut fallen.

MAULWURFSHÜGEL

Im Clinch mit Meister Grabowski

MAULWÜRFE UND GÄRTNER könnten beste Freunde sein, immerhin vertilgt der Insektenfresser zahlreiche Schädlinge und lockert den Boden. Allein die Hinterlassenschaften seiner nächtlichen Grabetätigkeiten trüben die Beziehung: Maulwurfshaufen werden zwar in erster Linie als optische Störung wahrgenommen, können aber auch manch Blümlein über Nacht eine Etage höher heben. Das Töten oder Fangen der putzigen Tiere ist in Deutschland zum Glück verboten. Ausnahmen werden nur in schwerwiegenden Fällen erteilt, etwa wenn Maulwurfsgänge die Stabilität von Deichen bedrohen.

Meister Grabowski hat allerdings zwei Schwachstellen, an denen man ansetzen kann, um ihn auf sanfte Weise zum Umzug zu bewegen: Maulwürfe haben ein sehr empfindliches Gehör und einen feinen Geruchssinn. Einen Versuch wert sind zum Beispiel in die Erdhaufen gesteckte Eisenstangen, an die man täglich mehrmals mit einem Hammer schlägt. Auch kopfüber hineingesteckte Kunststoffflaschen ohne Boden können zum Erfolg führen, da sie wie eine Pfeife wirken, wenn der Wind über sie streicht. Im Gartenhandel erhältliche Ultraschall-Geräte haben ebenfalls schon manchem Gärtner geholfen. An geruchsintensiven Substanzen, die in die Gänge gefüllt werden, haben sich neben käuflich zu erwerbenden Mitteln unter anderem bewährt: Molke, Buttermilch, Pflanzenjauchen, Knoblauchbrühe, Menschen- oder Hundehaare und Duftöle mit Zitrusnote.

RASEN EROBERT BEETE

Grenzen aufzeigen

OB POLSTERSTAUDEN in den Rasen drängen oder sich die Gräser auf Eroberungstour ins Beet begeben: Viele Gartenbesitzer wünschen sich eine klare Trennung von Grünflächen und Rabatten oder auch zwischen Rasen und angrenzenden Kiesflächen. Das lässt sich einrichten. Für dauerhafte Ordnung im Garten sorgen Rasen- beziehungsweise Beetkanten aus Kunststoff oder, besonders edel, aus Metall. Begrenzungen aus aneinandergereihten Holzlatten, halb eingegrabenen Backsteinen und Ähnlichem sind weniger empfehlenswert, da sie nie völlig dicht schließen, wodurch sich die Gräser bald in die Spalten zwängen. Holz verrottet zudem recht schnell, wenn es Bodenkontakt hat. Alternativ können Sie aber auch regelmäßig zum Rasenkantenstecher greifen – das ist eine Art Spaten mit besonders scharfem Blatt. Das Gerät eignet sich auch sehr gut, um am Boden rankenden Efeu und ausläuferbildende Pflanzen in ihre Schranken zu verweisen.

BLUMENZWIEBELN VERWILDERN

Rasen mit Frühlingsflair

SIE MÖGEN GRÜN, ABER BUNT finden Sie noch besser? Gerade im zeitigen Frühjahr, wenn man bei winterlichen Temperaturen den Rasen meist ohnehin nur durchs Fenster betrachtet, darf dort gerne ein bisschen mehr los sein. Wer im Herbst ein paar Blumenzwiebeln in den Boden steckt, kann sich schon im nächsten Jahr über die Belohnung freuen. Schneeglöckchen, Krokusse und Winterlinge gehören zu den ersten Frühlingsboten und lassen sich selbst von Schnee und Eis nicht schrecken. Aber auch Narzissen und Wildtulpen wie *Tulipa fosteriana*, *T. humilis* und *T. kaufmanniana* vermehren sich willig und eignen sich somit gut zum Verwildern. Von Gartentulpen ist eher abzuraten, da sie sehr kurzlebig sind.

Wenn Sie einzelne Zwiebeln in den Boden bringen möchten, leistet ein Blumenzwiebelpflanzer gute Dienste, er funktioniert ganz ähnlich wie ein Apfelausstecher: Man dreht den Pflanzer einfach in den Boden und zieht ihn mitsamt der Erdsäule wieder heraus. Nachdem man die Zwiebel ins Loch gesetzt hat, gibt der Pflanzer auf Druck die Erde wieder frei. Zwiebel-Grüppchen können Sie auch auf einmal einpflanzen: Stechen Sie eine Rasensode aus und legen Sie die Zwiebeln hinein. Tipp: Machen Wühlmäuse den Garten unsicher, können Sie die Zwiebeln in ein selbst gebasteltes Körbchen aus engmaschigem Drahtgeflecht setzen. Dann die Rasensode wieder drauflegen.

Die besten Plätze, um Frühlingsblüher zu verwildern, sind übrigens Rasenflächen am Rand von Bäumen und Sträuchern. Nach der Blüte sollten Sie die Blätter der Frühaufsteher nämlich stehen lassen, bis sie vergilbt sind, da die Pflanzen die in den Blättern enthaltenen Nährstoffe wieder in den Zwiebeln einlagern. So lange herrscht an diesen Plätzen Mähpause.

Blumenzwiebeln mögen keine Staunässe. Auf schweren Böden füllen Sie daher eine 3–5 cm hohen Sandschicht als Drainage zuunterst in die Pflanzlöcher. Fragen Sie beim Einkauf nach »gewaschenem Sand«. Er besitzt kaum Feinanteile, den Wasserabfluss behindern könnten.

BAUM KLAUT SONNENLICHT

Lizenz zum Fällen

Bäume und Sträucher bereichern einen Garten, ärgern den Nachbarn aber möglicherweise durch ihren Schattenwurf. Um den Gartenbesitzer zum Fällen zu zwingen, ist das aber nicht Grund genug, lautet das Credo der allermeisten Richter. Wer sich durch den Schattenwurf gestört fühlt, darf auch keineswegs einfach zur Astschere greifen, will man nicht eine Anzeige wegen Sachbeschädigung riskieren. Selbst wenn man dem Baumbesitzer eine Frist setzt, damit dieser über die Grundstücksgrenze ragende Äste selbst entfernen kann, ist er dazu nicht zwangsläufig verpflichtet. Der beste Weg: In Ruhe mit dem Nachbarn sprechen und nach einer einvernehmlichen Lösung suchen. Ist er womöglich gar zum Fällen bereit, sollte er sich auf jeden Fall bei der Gemeinde über die diesbezügliche Rechtslage informieren. Vielerorts sind Fällgenehmigungen nämlich mit strengen Auflagen verknüpft, oft auch mit Nachpflanzungen.

DAUERHAFT BLÜHENDE WIESE

Mehr Blütenspaß mit passenden Arten

VIELE MENSCHEN TRÄUMEN von einer bunten Blumenwiese, die zudem viel seltener gemäht werden muss als eine Rasenfläche. Versuche, einfach die nächstbeste Wildblumenmischung auszusäen, scheitern jedoch meist: Im zweiten oder spätestens im dritten Jahr ist es mit der Blütenpracht wieder vorbei. Der Grund: Die Mehrzahl der Wiesenblumen bevorzugt mageren, sandigen Boden – Gartenböden sind jedoch meist gut mit Nährstoffen versorgt und oft auch zu wenig durchlässig. Damit es mit der Blumenwiese auch langfristig klappt, können Sie die jeweiligen Flächen entweder aufwendig mit viel Sand durchlässig machen und abmagern. Die einzelnen Schritte entsprechen denen zur Rasenneuanlage (siehe S. 74).

Oder Sie wählen einfach eine zu dem Standort passende **Fettblumenmischung**, die Sie am besten zwischen März und Mai aussäen (2–10 g Saatgut je Quadratmeter reichen meist schon). Anschließend darf der Boden für vier bis sechs Wochen nie ganz austrocknen. Wer etwas Geduld mitbringt, entschei-

det sich für die sichere Methode und setzt einfach ein paar fertige Pflanzen in den bestehenden Rasen, beispielsweise Schlüsselblume, Hornklee oder Schafgarbe. Werden sie beim Mähen geschont, breiten sie sich willig aus.

Eingewachsene Blumenwiesen werden zweimal jährlich gemäht: im Juni und zwischen Ende August und Ende September. Handelt es sich um eine Magerwiese, genügt sogar die August- oder Septembermahd. Die einzige Ausnahme ist das Aussaatjahr: Frisch angelegte Wiesen mäht man, sobald die Pflanzendecke geschlossen ist, dann im Juni und noch einmal im August. Dadurch wird verhindert, dass versamungsfreudige Unkräuter die Oberhand gewinnen.

NERVIGES HERBSTLAUB

Laubfresser Rasenmäher

WENN ES HERBST WIRD, ist zwar das Ende der Rasenmähsaison in Sicht, dafür sollten Sie nun aber regelmäßig den Laubrechen zur Hand nehmen. Während heruntergefallene Blätter unter Bäumen und Sträuchern und im Beet gerne liegen bleiben dürfen, haben sie auf dem Rasen nichts zu suchen – sie

klauen ihm Licht und bilden bei Nässe rasch eine luftdichte Decke. Das zusammengerechte Laub können Sie bei den städtischen Wertstoffhöfen bzw. Grünschnittplätzen abgeben oder über die Biotonne entsorgen lassen – in vielen Gemeinden gibt es für diesen Zweck spezielle Laubsäcke. Alternativ können Sie das Laub natürlich auch über den eigenen Komposter wiederverwerten. Besonders rasch geht die Zersetzung vonstatten, wenn Sie das Laub mithilfe des Rasenmähers häckseln und im Fangkorb sammeln. (Das ist übrigens auch die nervenschonende Alternative zu Laubsaugern und -bläsern, die im Privatgarten meist absolut überflüssig sind.) Besitzen Sie einen Mulchmäher und liegen die Blätter nicht massenhaft auf dem Rasen, können Sie das fein geschnittene Laub auch direkt als Dünger auf der Grünfläche verteilen.

Igel, Spitzmaus, Marienkäfer und viele andere nützliche Kleinsäuger und Insekten sind für einen gemütlichen Laubhaufen in einer Gartenecke dankbar, in dem sie es sich während der kalten Jahreszeit gemütlich machen können. Zum Dank vertilgen sie im nächsten Jahr viele Schädlinge (siehe S. 119).

GARTEN EXTRA
Unkraut auf Wegen

Nicht nur im Rasen, auch in Plattenfugen und in Kieswegen breitet sich Unkraut gerne aus. Beidem lässt sich mit einem einfachen Trick vorbeugen: Breiten Sie beim Anlegen der Wege ein wasserdurchlässiges Unkrautvlies (gibt's im Gartencenter) auf der 15 cm starken Tragschicht aus Schotter aus. Erst danach bringen Sie die 5 cm starke Deckschicht aus Kies auf beziehungsweise verlegen die Pflastersteine oder Steinplatten. So kann sich die Erde im Untergrund nicht

mit dem eigentlichen Wegebelag vermischen, und Unkrautsamen haben es schwerer zu keimen. Kies sollte zudem regelmäßig geharkt werden. Zwischen Pflasterfugen macht sich Unkraut gerne in angewehter Erde breit. Verhindern können Sie das mit Kunstharz-Fugenmörtel, der die Lücken dauerhaft verschließt – allerdings entstehen dadurch wasserdicht versiegelte Flächen. Aus ökologischer Sicht noch weniger empfehlenswert und zudem nach dem

Pflanzenschutzgesetz verboten (!) ist es, Unkrautvernichter auf Wegen, Terrassen oder Hofeinfahrten auszubringen. Praktische und umweltfreundliche Alternativen: Verwenden Sie einen Fugenkratzer oder siedeln Sie in den Pflasterfugen ganz gezielt trittfeste polsterbildende Stauden an. Polster-Thymian (*Thymus praecox* 'Minor') oder Englische Rasenkamille (*Anthemis nobilis* 'Treneague') beispielsweise setzen dabei sogar noch duftende ätherische Öle frei.

ZIERGEHÖLZE

Uaah, eine Astschere ... ! Wenn Gehölze schneiden so gar nicht Ihr Ding ist, finden Sie hier Arten, die genauso darüber denken. Wer hingegen immer schon mal wissen wollte, wie, wo und wann man denn nun eine Forsythie stutzen sollte – bitte ebenfalls umblättern. Vom Pflanzen bis zum Baumstumpfentfernen warten allerlei hilfreiche Tipps rund um Bäume und Sträucher, Rosen und Kletterpflanzen.

SCHNEIDEN VERMEIDEN

Gehölze für Scherenphobiker

EINEN BUCHSBAUM in Form zu bringen, das macht selbst Anfängern Spaß. Kein Wunder, schließlich kann man dabei kaum etwas falsch machen. Bei Blütensträuchern sieht das schon ein bisschen anders aus, weswegen sich gerade Garteneinsteiger oft sehnlichst Gehölze herbeiwünschen, die auch ohne Schnitt eine gute Figur machen. Netterweise hat die Natur diesen Wunsch prompt erfüllt: Fächer- und Schlitz-Ahorne (*Acer palmatum*) etwa nehmen ganz von alleine eine malerische Gestalt an. Auch

Frühlingsblüher wie Seidelbast (*Daphne mezereum, D. cneorum*), Zaubernuss (*Hamamelis*) und Kornelkirsche (*Cornus mas*) wachsen am liebsten ungestört vor sich hin. Und elegante Blütenschönheiten wie Blumen-Hartriegel (*C. kousa, C. florida*), Magnolien (*Magnolia*) und die prächtigen Strauch-Pfingstrosen (*Paeonia suffruticosa*) werden sogar von Jahr zu Jahr schöner, wenn man sie möglichst wenig stört. Nur wenn zu viele Äste ins Kroneninnere wachsen, darf man ausnahmsweise zur Schere greifen – aber mit Bedacht und am besten im Winter, wenn man den Habitus der Gehölze gut erkennt.

ZIERGEHÖLZE SCHNEIDEN

Blühfreudigkeit sichern

IM GEGENSATZ ZU MAGNOLIE und Co. müssen die meisten Ziergehölze im Garten von Zeit zu Zeit oder sogar re-

gelmäßig geschnitten werden, damit sie nicht aus der Form geraten oder blühfaul werden. Gemeinerweise gelten aber nicht für alle die gleichen Regeln, das musste schon so mancher Gärtner feststellen, wenn etwa die Forsythie nach dem gut gemeinten Rückschnitt im Spätwinter nicht wie erwartet umso reicher blühte – sondern fast gar nicht. Wie es dazu kommen konnte, erklärt ein Blick in die drei Schnittgruppen.

Bei vielen Sträuchern, die am mehrjährigen Holz blühen, wie etwa der Felsenbirne (*Amelanchier lamarckii*) oder der Kolkwitzie (*Kolkwitzia amabilis*), ist nur alle zwei bis drei Jahre ein Auslichtungsschnitt fällig. Dabei nehmen Sie alte, beschädigte und zu dicht wachsende Triebe zurück beziehungsweise entfernen sie bodennah.

Ein regelmäßiger starker Schnitt ist hingegen bei all jenen Gehölzen gefragt, die an den neu gebildeten Trieben blühen: Sommerflieder (*Buddleja davidii*), Sommer-Spiere (*Spirea japonica*), Rispen- und Schneeball-Hortensie (*Hydrangea paniculata* und *H. arborescens*) und Bartblume (*Caryopteris*) sollten Sie jedes Jahr im Februar auf 20–40 cm stutzen, damit sie viele Blütentriebe bilden. Eine solche Radikalkur vertragen zwar auch einige Ziergehölze, die am mehrjährigen Holz blühen, etwa der Flieder (*Syringa vulgaris*). Hier dient das »Aufden-Stock-Setzen«, also ein Rückschnitt auf 30–50 cm, jedoch nur als Notfallmaßnahme für überalterte Exemplare, da im Folgejahr die Blüte ausfällt.

Achtung, Hortensie ist nicht gleich Hortensie: Anders als Rispen- und Schneeball-Hortensie legen die meisten Arten, beispielsweise Bauern-Hortensie (*H. macrophylla*) und Samt-Hortensie (*H. aspera*), ihre Blütenknospen bereits im Vorjahr an. Deshalb entfernt man im Spätwinter beziehungsweise im zeitigen Frühjahr lediglich die alten Blütenstände über dem ersten frischen Knospenpaar und schneidet drei- bis vierjährige Triebe bodennah heraus. Eine Ausnahme bilden Pflanzen der 'Endless Summer'-Gruppe. Sie blühen am vorjährigen und am frischen Holz, ein stärkerer Frühjahrsrückschnitt führt lediglich zu einer etwas späteren Blüte.

Forsythie, Weigelie und Deutzie liegen in Sachen Schnittintensität zwischen den beiden bereits genannten Gruppen. Sie blühen am ein- und zweijährigen Holz, deshalb hält man sie durch moderate Schnittmaßnahmen alle zwei bis drei Jahre jung. Ältere, stark verzweigte Äste kappt man dabei über einer nach außen gerichteten Knospe, während sich die jungen Triebe entfalten dürfen.

Schnittzeitpunkt ist im Allgemeinen der Spätwinter. Nur in der letztgenannten Gruppe gibt es Unterschiede: Die im Sommer blühenden Weigelien und Deutzien schneidet man ebenfalls am besten im Februar, wenn man ihren Aufbau im kahlen Zustand besonders gut erkennen kann. Bei den Frühjahrsblühern würde das hingegen kostbare Blüten kosten, denn Forsythie und Co. haben zu diesem Zeitpunkt längst ihre Blütenknospen angesetzt. Frühjahrsblüher schneidet man daher grundsätzlich direkt nach der Blütezeit.

HECKE VERKAHLT

Der Schnitt macht's

AUF KLEINEN GRUNDSTÜCKEN ist oft kein Platz für raumgreifende Blütenhecken. Eine Laubhecke hingegen können Sie durch regelmäßigen Schnitt dauerhaft auf der gewünschten Breite halten, sie bietet Sichtschutz und ist eine freundliche Alternative zu abweisenden hohen Mauern. Viele Gartenbesitzer beklagen allerdings nach einigen Jahren, dass ihre Hecken zwar im oberen Drittel nach wie vor schön dicht und grün sind, am Fuß aber zunehmend kahle Stellen aufweisen. Die Ursache hierfür ist Lichtmangel.

Und um den zu verhindern, gibt es einen kleinen, aber effektiven Trick: Schneiden Sie die Hecke nicht streng kastenförmig, sondern wie ein sich nach oben verjüngendes **Trapez** – also so, dass sie nach oben hin schmaler wird. Auf diese Weise bekommen selbst die untersten Blätter noch ausreichend Licht. Wer unbedingt eine exakte Kastenform haben möchte, sollte sich für eine Hainbuchenhecke entscheiden (*Carpinus betulus*), die in Sachen Lichtmangel relativ unempfindlich ist. Tipp:

Als Orientierungshilfe für einen geraden Schnitt können Sie entlang der Hecke unten und oben Schnüre zwischen zwei Pfosten spannen.

Eine gleichmäßige Form zu erzielen, ist auch bei **Buchskugeln** nicht ganz einfach. Hier hilft eine selbst gebastelte Schablone weiter: Zeichnen Sie mit dem Zirkel (oder mit zwei per Schnur verbundenen Stiften) einen Halbkreis in der gewünschten Größe auf ein Stück festen Karton und schneiden Sie ihn aus. Halten Sie diese Schablone beim Schneiden an den Buchs, so haben Sie die optimale Linienführung stets im Blick. Über die kommenden Jahre wird die Kugel dann immer dichter.

Schneiden Sie Formgehölze zum ersten Mal zwischen Mitte Februar und Anfang März (ab 1. März dürfen zum Schutz brütender Vögel nur noch leichte Schnittmaßnahmen durchgeführt werden). Beim zweiten Schnitt um den Johannistag am 24. Juni herum kürzen Sie den Neuaustrieb um etwa zwei Drittel ein.

ADR-ROSEN

Widerstandskämpfer im Blütenkleid

ROSEN SIND SCHÖN, aber empfindlich? Ha, das war einmal. Während früher die Giftspritze geradezu zur Standardausrüstung des Rosengärtners gehörte, ist sie heute nicht nur zu Recht verpönt, sondern auch gar nicht mehr notwendig: Viele moderne Rosensorten sind ausgesprochen robust – und die besten unter ihnen dürfen sich mit dem ADR-Siegel schmücken. Das Kürzel steht für »Allgemeine Deutsche Rosenneuheitenprüfung« (ADR), und das ist der härteste Rosentest der Welt.

Drei Jahre lang nehmen Experten aus unabhängigen Sichtungsgärten die Kandidatinnen intensiv unter die Lupe und prüfen sie auf Kriterien wie Gesundheit, Reichblütigkeit, Winterhärte und Wüchsigkeit. Doping mit Pflanzenschutzmitteln ist während dieser Zeit natürlich strengstens untersagt. Und auch an die regional unterschiedlichen klimatischen Bedingungen wurde gedacht: Die Rosen werden an insgesamt elf Sichtungsstandorten in ganz Deutschland getestet. Nur wer sich an allen elf Standorten beweisen konnte, bekommt anschließend das begehrte ADR-Prädikat verliehen.

Das tragen sie aber häufig auch nur für begrenzte Zeit, denn da die Ansprüche an neue Rosensorten immer weiter steigen, wird von Zeit zu Zeit auch unter den ADR-Schönheiten aussortiert. Im Jahr 2012 wurden beispielsweise alle Sorten aus der Liste genommen, die das ADR-Siegel vor 1990 erhielten. Die Auswahl bleibt trotzdem groß. 2012 umfasste das ADR-Sortiment immer noch 157 Sorten, von der Kletterrose bis hin zur Edelrose. Wer sich beim Pflanzenkauf am ADR-Siegel orientiert (einer roten Rosenblüte vor einem stilisierten Blatt), hat gute Chancen auf einen rosigen Sommer. Auf www.adr-rose.de finden Sie eine Auflistung und Fotos aller ADR-Rosen und können die Datenbank nach Kriterien wie Farbe, Größe oder Duft durchforsten.

Auch wenn sie nicht getestet werden: Essig-Rosen (Rosa gallica), Hunds-Rosen (R. canina) und andere Wildrosen sind ebenso robust wie attraktiv und perfekt für naturnahe Gärten.

ROSEN MICKERN

Ein Festmahl für die Herrscherin

DUNKELGRÜN GLÄNZENDES Laub und eine Fülle herrlicher Blüten, so stellt man sich den Auftritt der Königin der Blumen vor. Gelegentlich scheint Ihre Majestät allerdings ein wenig unpässlich zu sein: Die Blätter besitzen einen unschönen Gelbstich, und die erwartete Blütenfülle will sich auch nicht so recht einstellen. Die gute Nachricht: Meist ist die adelige Dame nicht etwa krank, sondern schlicht hungrig. Rosen besitzen nämlich einen ausgesprochen gesunden Appetit: Zum Austrieb sollten Sie jedem Exemplar ganze 3 Liter Kompost als Starthilfe gönnen, und wenn die Rosen Mitte Juni zur Höchstform auflaufen, dürfen Sie gerne noch mal ein paar Handvoll Kompost und eine halbe Handvoll Hornspäne nachlegen. In fettem Lehmboden gedeihen sie deshalb auch ganz vorzüglich.

Vor diesem Hintergrund wird auch schnell klar, warum **Lavendel** entgegen der weit verbreiteten Meinung alles andere als ein geeigneter Rosenkavalier ist: Der duftende Halbstrauch hält zwar Schädlinge fern, bevorzugt aber magere, durchlässige Erde, also das genaue Gegenteil von dem, was sich seine Angebetete wünscht. Halten Sie daher zwischen den beiden am besten mindestens 50, besser noch 100 cm Abstand, geben dem Lavendel reichlich Sand ins Pflanzloch und düngen ihn im Frühjahr nur sparsam mit ein paar Handvoll Kompost. Oder Sie ersetzen ihn durch andere blaublütige Begleiter wie beispielsweise Katzenminze (*Nepeta*) oder Steppen-Salbei (*Salvia nemorosa*).

Gar kein Problem sind unterschiedliche Bodenansprüche, wenn Sie Rosen und Begleitpflanzen in verschiedenen Töpfen kultivieren. Allerdings sollten Sie in diesem Fall darauf achten, dass die Pflanzgefäße für die Rosen mindestens 60 cm hoch sind. Rosen sind nämlich Tiefwurzler und wollen sich im Topf richtig ausstrecken können. Achten Sie zudem auf einen guten Wasserabfluss (siehe S. 63).

Bei Balkon- und Kübelpflanzen in hohen Kunststoffgefäßen: Legen Sie einen Backstein innen auf den Topfboden, damit die Gefäße bei Wind nicht umkippen.

WILDE TRIEBE

Empfehlenswerter Seitenhieb

NANU, WAS IST DENN DAS? Mitten aus der harmonisch gewachsenen Rose schiebt sich im Frühling mit einem Mal ein kräftiger, steil aufragender Trieb heraus, der so gar nicht zum restlichen Erscheinungsbild passen will. Dabei handelt es sich um einen sogenannten Wildtrieb, ein Phänomen, das vor allem bei Rosen häufig zu beobachten ist, da sie fast immer veredelt sind.

Bei einer Veredelung wird die eigentliche Sorte auf den Wurzelstock einer Wildart gesetzt und profitiert dadurch zum Beispiel von dessen kräftigem Wuchs und der entsprechend besseren Versorgung mit Wasser und Nährstoffen. Die Veredelungsstelle erkennen Sie beim Pflanzenkauf an einem deutlich sichtbaren Knubbel oberhalb des Wurzelstocks. Hier sind die Unterlage und das Edelreis zusammengewachsen – und hier bringt die Unterlage gelegentlich eben auch mal einen eigenen Trieb hervor. Bei Rosen passiert das besonders häufig, wenn die Veredelungsstelle nicht tief genug im Boden sitzt – zwei Fingerbreit sollte sie mit Erde bedeckt

sein. Achten Sie beim Pflanzen also darauf, veredelte Rosen stets tief genug in die Erde zu setzen.

Lassen Sie den Wildtrieb erst gar nicht hoch aufwachsen, sondern schneiden Sie ihn frühzeitig direkt an der Veredelungsstelle weg. Besonders leicht geht das, wenn er oberhalb der Erde sitzt, etwa bei Hochstammrosen. Befindet er sich unterhalb, sollten Sie versuchen die Veredelungsstelle freizulegen, um ihn auch hier direkt am Stock entfernen zu können. Noch effektiver ist es, den Wildtrieb mit einem kräftigen Ruck abzureißen. Ähnlich wie bei Wasserschossern an Obstbäumen (siehe S. 51) geht es auch bei den Rosen darum, den Astring mit zu entfernen, damit sich keine neuen Wildtriebe bilden. Ritzen Sie die Rinde vorher etwa 0,5 cm unterhalb des Wildtriebs an, damit nicht zu viel Rinde weggerissen wird.

Genau so verfahren Sie bei veredelten Obstbäumen und Ziergehölzen wie etwa Korkenzieher-Hasel (Corylus avellana 'Contorta') und Gewöhnlichem Flieder (Syringa vulgaris).

KUGELBÄUME SCHNEIDEN

Das Rundum-sorglos-Paket

WER IMMER SCHON MAL ungestraft Friseur spielen wollte, hat im Winter die Gelegenheit dazu: Ob Kugel-Robinie (*Robinia pseudoacacia* 'Umbraculifera'), Kugel-Trompetenbaum (*Catalpa bignonioides* 'Nana') oder Kugel-Esche (*Fraxinus excelsior* 'Nana'), Kugelformen gibt es von zahlreichen Baumarten, und bei kaum einer Gehölzgruppe kann man weniger verkehrt machen. Denn alle lassen sich nach einem simplen Prinzip zurechtstutzen: Schneiden Sie sie an einem frostfreien Wintertag einfach gleichmäßig so weit zurück, wie es Ihnen beliebt. Selbst Radikalinskis, die nur einen verstümmelt aussehenden Stumpf von 30 cm zurücklassen, können sich im nächsten Frühjahr wieder über eine üppig begrünte, gleichmäßig gewachsene Baumkrone freuen.

Bei Rosenhochstämmchen mit einer kugelförmigen Krone schneiden Sie die Triebe im Frühjahr möglichst gleichmäßig auf rund 20 cm zurück. Der beste Zeitpunkt, die Rosen zu schneiden, ist übrigens die beginnende Forsythienblüte.

NADELBAUM KAPPEN

Operation gelungen, Patient tot

ES GAB EINE ZEIT, da zählten Nadelgehölze zu den begehrenswertesten Gartenpflanzen überhaupt. Mancher Garten ist bis heute geradezu gepflastert mit spitznadeligen Fichten (*Picea*), während Hecken aus Lebensbaum (*Thuja*) oder Scheinzypresse (*Chamaecyparis*) die Grundstücksgrenzen aufzeigten (ehe sie vom heute ebenso allgegenwärtigen

Kirschlorbeer abgelöst wurden). Natürlich hatte die Koniferenbegeisterung auch ihre Gründe: Fichten etwa kann man beim Wachsen fast zusehen – nur dass sie damit so schnell auch nicht wieder aufhören. Und Thuja-Hecken werden zwar rasch blickdicht, wachsen aber mit der Zeit stark in die Breite und bekommen (beispielsweise durch anhaltende Trockenheit oder gelegentlich auftretenden Pilzbefall) oft unansehnliche braune Stellen, die nicht wieder überwachsen werden.

Bevor Sie nun zur Schere greifen, sollten Sie ein paar Punkte beachten. Wer etwa eine Fichte kappen möchte, um wieder mehr Licht in den Garten zu lassen, der sollte sich bewusst machen,

dass die Pflanze fortan verstümmelt sein wird. Die Schnittstelle wird nicht überwachsen, allenfalls versucht der Baum, aus Seitentrieben einen neuen Leittrieb zu bilden – und das Ergebnis fällt eindeutig in die Kategorie »grauslig«. In diesem Fall ist es besser, sich entweder mit dem Schattenwurf abzufinden oder sich um eine Fällgenehmigung für die Fichte zu bemühen.

Bei Hecken aus Lebensbaum oder Scheinzypressen wiederum ist zu beachten, dass sie nur aus noch grünen Pflanzenteilen sicher wieder austreiben. Breite, innen bereits verkahlte Hecken radikal zurückzunehmen ist daher nicht empfehlenswert, die meisten solcher Versuche enden in einem

Desaster und erzwingen eine Neupflanzung. Greifen Sie besser von vornherein jährlich um den Johannistag am 24. Juni zur Heckenschere und nehmen Sie den Zuwachs ein Stück weit zurück. Dabei immer an die Trapezform der Hecke denken (siehe S. 92). Auch einzelne braune Triebe können Sie bedenkenlos herausschneiden. Solange dadurch nur eine kleinere Lücke entsteht, wird sie von den Seiten rasch wieder zuwachsen. Im Gegensatz zur Heckenbreite können Sie die Höhe auch nach Jahren noch recht gut regulieren: Die von oben betrachtet kahle Hecke erhält nämlich dank aufstrebender Seitentriebe bald wieder ein grünes Dach.

Wer noch über die Pflanzenwahl nachdenkt, dem sei die Eibe (*Taxus baccata*) ans Herz gelegt. Eiben sind die mit Abstand schnittverträglichsten Nadelgehölze und treiben selbst aus dicken Ästen wieder aus (je dicker, desto langsamer). Als Formgehölze oder Schnitthecken bilden sie das ganze Jahr über immergrüne Blickfänge, auch ihre roten Samenmäntel sind hübsch anzusehen und sind zudem Vögeln eine willkommene Zwischenmahlzeit. Vorsicht ist lediglich geboten, wenn Kinder im Garten spielen. Auch sie könnten sich von den leuchtend roten Hüllen angezogen fühlen, in denen sich jedoch ein giftiger Samen verbirgt.

HORTENSIEN ERRÖTEN

Sauer macht fröhlich

BLAUE BLÜTEN SIND IN DER NATUR eine echte Seltenheit, kein Wunder also, dass blau blühende Hortensien viele Menschen faszinieren. Oft ist die Verwunderung aber groß, wenn die im Vorjahr gekaufte und in den Garten gesetzte Pflanze im nächsten Jahr plötzlich rosafarbene Blüten hervorbringt. Das Geheimnis ist rasch gelüftet: Hortensien (*Hydrangea*) zählen zu den sogenannten Moorbeetpflanzen und lieben sauren Boden, die Erde sollte idealerweise einen pH-Wert zwischen 4 und 5 haben. Nur unter diesen Bedingungen können die Pflanzen ausreichende Mengen an Aluminium aufnehmen, das für die Blaufärbung der Blüten sorgt.

Normaler Gartenboden bewegt sich aber meist im neutralen bis alkalischen (basischen) pH-Wert-Bereich. Das Rezept für blaue Blüten lautet entsprechend: Man verteile vor dem Pflanzen reichlich Moorbeetpflanzenerde im Pflanzloch, gieße vorzugsweise mit Regenwasser, da Leitungswasser oft viel Kalk enthält, und verwende einen speziellen Hortensiendünger. Letzterer verhindert, dass der pH-Wert ansteigt, und er enthält zudem besonders viel Aluminiumoxid. Auch zwei Esslöffel Alaun, den Sie in der Apotheke erhalten und im Frühjahr leicht in den Boden einarbeiten, intensivieren die Blaufärbung der Blüten. Zusätzlich können Sie eine Mulchschicht aus Nadelstreu rund um die Pflanze verteilen, die ebenfalls bodenversauernd wirkt. Verzögern lässt sich ein Anstieg des pH-Werts rund um die Hortensie grundsätzlich auch,

indem man das großzügig bemessene Pflanzloch mit einer Folie auskleidet. Ähnlich wie bei Pflanzgefäßen ohne Wasserabzugsloch müssen Sie dann allerdings darauf achten, keine Staunässe entstehen zu lassen (siehe S. 63).

Egal ob rot, blau, grün oder weiß, getrocknet sind Hortensienblüten ein zauberhafter Blütenschmuck fürs ganze Jahr. Schneiden Sie am frühen Morgen geeignete Blütentriebe und stellen Sie sie von Anfang an ohne Wasser in die Vase. Sie können sie auch kopfüber an einem warmen trockenen Platz aufhängen.

BAMBUS WUCHERT

Dschungelcamp ade

MAJESTÄTISCH RAGEN die biegsamen Halme in die Höhe, bewegen sich sanft im Sommerwind und sorgen mit leisem Blätterrascheln für eine entspannte Atmosphäre. Selbst wer kein ausgesprochener Gräserfan ist, kann sich der unverschnörkelten Eleganz des Bambus kaum entziehen. Neben asiatisch an-

mutenden Gärten kommt das wüchsige Riesengras vor allem in der modernen Gartengestaltung oft zum Einsatz, und seine Qualitäten als zuverlässiger Sichtschutz weiß man selbst auf Balkon und Terrasse zu schätzen. In den beiden letztgenannten Fällen hat man dabei einen entscheidenden Vorteil: In Pflanzkästen oder Kübeln sind den ausbreitungsfreudigen immergrünen Pflanzen feste Grenzen gesetzt.

Im Garten hingegen ist anfängliche Bambusliebe schon häufig in Bambushorror umgeschlagen, denn einige Bambusarten machen sich in wenigen Jahren den halben Garten untertan. Den hemmungslosen Wanderer dann wieder einzufangen ist eine Erfahrung, die man niemandem wünschen möchte, denn die Rhizome, mit deren Hilfe er sich Meter um Meter voran schiebt, erreichen rasch Armstärke. Axt und Motorsäge sind noch die kleineren Kaliber, die bei der Gartenrückeroberung oft zum Einsatz kommen, immer wieder muss gar ein Mini-Bagger bemüht werden, um das dichte, steinharte Geflecht aus dem Boden zu heben.

Soweit sollten Sie es erst gar nicht kommen lassen – aber nicht etwa, indem Sie auf Bambus nun ganz und gar verzichten. Legen Sie stattdessen von vornherein die Grenzen fest, innerhalb derer sich das frischgrüne Gras im Garten ausbreiten darf, und zwar mithilfe einer **Rhizomsperre**. Dabei handelt es sich um einen Rahmen aus extra-stabiler Kunststofffolie, der rund um den Bambus tief in den Boden eingegraben wird und den unterirdischen Sprossfortsätzen zuverlässig Einhalt gebietet. Wichtig: Da sich die Rhizome mitunter ein Stück aus der Erde herausschieben, sollte auch die Sperre noch mindestens 5 cm aus der Erde herausragen.

Wem das zu umständlich oder zu riskant ist, der kann sich aber auch einfach für nicht wuchernde Bambusarten entscheiden. Im Gegensatz zum wuchsfreudigen Flachrohr-Bambus (*Phyllostachys*) ist die ebenfalls große Gruppe der Fargesien (Schirm-Bambus) ein zahmes Völkchen. Zwar wirft Schirm-Bambus im Winter deutlich mehr Blätter ab als Flachrohr-Bambus, aber dieser kleine Nachteil ist gut verkraftbar, wenn man dafür ruhig schlafen kann.

BAUMSTUMPF RODEN

Nicht nur für Highlander

ES SIEHT SCHON EINDRUCKSVOLL aus, das Baumstammwerfen bei den schottischen Highland Games. Viel beeindruckender und praktischer wäre es jedoch, wenn sich die muskelbepackten Teilnehmer an dem versuchen würden, was nach dem Baumfällen übrig bleibt. Den Baumstumpf aus dem Boden zu bekommen dürfte nämlich jeder, der es mal versucht hat, für die weit größere Herausforderung halten.

Am einfachsten sind in der Regel Flachwurzler wie Fichte (*Picea*) oder Lebensbaum (*Thuja*) zu entfernen: Wenn ihr Stammdurchmesser die 30-cm-Grenze nicht allzu weit übersteigt, kann man sie recht gut entfernen, indem man die seitlich vom Stumpf weglaufenden Wurzeln freilegt und mit der Axt durchhackt. Lassen Sie beim vorherigen Fällen einen etwa 1,80 m hohen Stammrest stehen, damit Sie einen wirkungsvollen Hebel haben. Mit dessen Hilfe können

Sie den Baum nun ein wenig zur Seite ziehen, damit ein Helfer die Wurzeln unter dem Baum mit einem scharfkantigen Spaten durchtrennen kann.

Für größere Baumstümpfe ist in der Regel motorisierte Unterstützung gefragt, etwa durch einen Bagger oder eine Wurzelfräse. Kleine Wurzelfräsen kann man vielerorts im Baumarkt ausleihen. Die mit Zähnen ausgestattete Schwungscheibe verarbeitet den Stumpf nach und nach zu einem Haufen Holzspäne, lediglich die Wurzeln verbleiben im Boden, sie verrotten mit den Jahren

ALLES, WAS RECHT IST

GRENZABSTÄNDE

Abstandshalter

Gerade auf kleinen Grundstücken möchte man den Platz optimal ausnutzen, da liegt es nahe, Gehölze direkt an die Grundstücksgrenze zu pflanzen. Aber Obacht, denn je größer das Gehölz im ausgewachsenen Zustand einmal sein wird, desto größer ist auch der Mindestabstand zur Gartengrenze, den Sie einhalten müssen. Bei Bäumen liegt er meist zwischen 2–4 m, bei Sträuchern in der Regel deutlich darunter. Da sich die Mindestabstände von Gemeinde zu Gemeinde unterscheiden, sollten Sie sich in jedem Fall nach den an Ihrem Wohnort geltenden Maßen erkundigen, ehe Sie zum Spaten greifen. Halten Sie sich nicht daran, kann Ihr Nachbar ansonsten verlangen, dass das Gehölz wieder umgesetzt wird – ein Anspruch, der allerdings verjährt, wenn er nicht zeitnah erhoben wird. Ein Tipp für alle, die sich mit Ihren Nachbarn gut verstehen: Ersetzen Sie den langweiligen Gartenzaun doch einfach durch eine gemischte Blütenhecke. So können sich beide Parteien an mehr Vielfalt im Garten erfreuen, ohne allzu viel Platz einzubüßen.

aber von selbst. Auf die natürliche Verrottung kann man auch beim ganzen Baumstumpf setzen – und sie noch ein wenig beschleunigen, etwa indem man den Stumpf mit Efeu bepflanzt, ihn mit Erde oder Kompost überhäuft oder Löcher in das Holz bohrt, die man dann mit Kompost füllt.

Noch besser: Machen Sie aus der Not eine Tugend und beimpfen Sie den Baumstumpf mit einer für die Holzart geeigneten Pilzbrut, die Sie samt Anleitung zum Anbau über viele Onlineshops bestellen können (siehe S. 154). Die Anwendung ist denkbar einfach:

Mit Ihrer Bestellung erhalten Sie Holzdübel, die mit Pilzmyzel bewachsen sind. Jetzt brauchen Sie nur noch Löcher in den Baumstumpf zu bohren und die Dübel hineinzustecken. Allerdings dauert es einige Monate, bis Sie die ersten Fruchtkörper ernten können.

Für Fichtenholz eignen sich beispielsweise Stockschwämmchen gut, Shiitake-Pilze fühlen sich auf Birkenstämmen wohl, und an Obstbäumen lassen sich Austernseitlinge erfolgreich ansiedeln.

KLETTERPFLANZEN ENTFERNEN

Erfolgreiche Haftentlassung

WENN DER WILDE WEIN (*Parthenocissus quinquefolia*) oder seine kleinere Schwester, die Jungfernrebe (*P. tricuspidata*), ihr prächtiges Herbstgewand anlegen, kommen selbst bekennende Nichtromantiker ins Schwärmen. Zumal wenn sie um die öde graue Hauswand wissen, die sich hinter dem feuerroten Blätterkleid verbirgt. Eine grüne Fassade hat zahlreiche Vorteile, die vom optischen Aspekt über ein besseres Gebäudeklima bis hin zu Futter- und Nistmöglichkeiten für Vögel reichen. Sogenannte Selbstklimmer wie Kletter-Spindelstrauch (*Euonymus fortunei*) oder Kletter-Hortensie (*Hydrangea petiolaris*) sind dabei insofern besonders praktisch, als sie dank ihrer Haftorgane keine Kletterhilfen benötigen. Wilder Wein und der immergrüne Efeu (*Hedera helix*) erobern auf diese Weise selbst glatte Betonmauern im Nu.

Lästig sind die Haftscheiben oder -wurzeln allerdings, wenn man sich aus irgendeinem Grunde von dem grünen

Wandteppich trennen möchte, denn das ist eine wirklich langwierige Angelegenheit. Reißen Sie zunächst alle Triebe von der Wand. Lassen Sie die Reste dann einige Wochen antrocknen, ehe Sie ihnen mit Stahlbürste, Hochdruckreiniger oder (am günstigsten bei glatten Wänden) mit einem Spachtel oder einer Bohrmaschine mit Metallbürstenaufsatz zu Leibe rücken. Vorsicht, wenn es sich bei der zu entfernenden Pflanze um giftigen Efeu handelt. Um Reizungen von Haut und Atemwegen zu vermeiden, sollten Sie bei der Arbeit unbedingt lange Kleidung und Handschuhe tragen, da feine Teilchen herumfliegen können, besser auch noch eine Schutz-brille und eine Atemschutzmaske. Zum echten Ärgernis kann Efeu zudem werden, wenn der zu begrünende Wandputz oder das Mauerwerk nicht vollständig intakt war. Dann nämlich zwängt er seine Haftwurzeln in die bereits vorhandenen Risse und kann sie erheblich erweitern, bis manchmal ganze Putzplacken abgesprengt werden. Wer sich über den Zustand der Wände nicht völlig im Klaren ist, sollte daher besser auf ungefährliche Varianten wie Kletterrosen, Waldreben (*Clematis*) oder Geißblatt (*Lonicera*) setzen. Sie ranken an einem Gerüst empor und sorgen auf diese Weise ebenfalls für blühende und grünende Wände.

BRAUNER KIRSCHLORBEER

Immergrüne immer gießen

WIE RITTER IN SCHIMMERNDER Rüstung, so standen sie einst rund um den Garten Wache und streckten ihre wie frisch lackiert glänzenden Blätter in den Sommerwind. Doch nach dem Winter sind aus den prunkvollen Recken eher Ritter von trauriger Gestalt geworden: Große Partien brauner Blätter prangen im eigentlich immergrünen Kleid der Kirschlorbeerbüsche (*Prunus laurocerasus*). Von wegen frostfest, schimpft so mancher Gärtner – dabei muss man die Schuld ehrlicherweise meist bei sich selbst suchen. In den allermeisten Fällen sind die vermeintlichen Frostschäden nämlich gar keine, sondern die Gehölze haben unter Frosttrocknis gelitten, ein Phänomen, das neben dem Kirschlorbeer auch Buchs (*Buxus*), Lebensbaum (*Thuja*) und viele andere immergrüne Gehölze und Stauden trifft.

Da sie ihre Blätter in der kalten Jahreszeit behalten, verdunsten sie nämlich auch in den Wintermonaten stetig Wasser über ihre Blattoberfläche. Diese Verluste müssten nun eigentlich ausgeglichen werden. Doch da gibt es ein Problem: Herrscht Frost, können die Pflanzen kein Wasser aufnehmen, denn es ist gefroren. Und wenn die Minusgrade passé sind, es zwischenzeitlich aber weder geregnet noch geschneit hat, sind die Wasservorräte im Boden irgendwann schlicht aufgebraucht – die Pflanzen vertrocknen. Aus diesem Grund sollten Gartenbesitzer ihre Immergrünen auch im Winter an frostfreien Tagen gelegentlich wässern, besonders wenn diese in Pflanzgefäßen stehen.

MISTELN ZÄHMEN

Schöne Schmarotzer

ZUR WEIHNACHTSZEIT sind Misteln (*Viscum*) besonders begehrt: Wenn im Dezember ihre an Perlen erinnernden weißen Beeren reifen, schmücken die mystischen Pflanzen nicht nur in England so manchen Türrahmen in der Hoffnung auf den einen oder anderen Kuss. Während die Aufsitzergewächse vielen Menschen als Glücksbringer gelten, sind die Bäume, auf denen sich die Misteln häuslich eingerichtet haben, bisweilen weniger glücklich über die Gesellschaft. Misteln sind nämlich Halbschmarotzer, die über ihre Saugwurzeln die Leitungsbahnen ihrer Wirte anzapfen und vorwiegend von deren nährstoffreichem Saft leben. Im eigenen Interesse schwächen Misteln die Gehölze dabei zwar normalerweise nie so sehr, dass diese absterben. Alte Obstbäume jedoch, die ohnehin nicht mehr die vitalsten sind, können unter den eleganten Energieräubern leiden, wenn die Misteln sich zu stark vermehren. In diesem Fall sollten Sie den Mistelbestand auslichten, damit Sie sich noch lange sowohl am Baum als auch an seinem Bewohner erfreuen können.

Sie können Misteln auch ganz im Garten ansiedeln. Dazu reiben Sie einige Beeren in die Rindenrillen eines geeigneten Baumes – bei der Laubholz-Mistel (Viscum album) kommen beispielsweise Obstbäume und Birken infrage.

GARTEN EXTRA

Winterliche Blickfänge

Im Winter lernt man seinen Garten von einer völlig neuen Seite kennen, denn wo Farben in den Hintergrund treten, werden Formen immer wichtiger. Neben Gehölzen von malerischem Wuchs wie dem Fächer-Ahorn (*Acer palmatum*) lohnt es sich zum Beispiel, Arten mit schöner Rindenstruktur in den Garten zu integrieren. Der Rote Schlangenhaut-Ahorn (*A. capillipes*) etwa besitzt eine auffällige, senkrecht gebänderte Rinde, während sich die des Zimt-Ahorns (*A. griseum*) in papierartigen Streifen vom Stamm löst und zusammenrollt. Beide Arten sind auch für kleine Gärten gut geeignet und begeistern im Herbst zudem mit dem prächtigen Farbenspiel ihrer Blätter. Noch vielseitiger zeigt sich der anspruchslose Flügel-Spindelstrauch (*Euonymus alatus*). Im Herbst gönnt er uns mit seinen leuchtend orangeroten bis dunkelroten Blättern ein traumhaftes Farbenspiel.

Später im Jahr ziehen dann seine mit dekorativen Korkleisten besetzte Rinde und die in knalliges Pink und Orange gekleideten (giftigen) Früchte alle Blicke auf sich. Überhaupt beweist eine ganze Reihe schmucker Gehölze und Sträucher, dass der Winter durchaus bereit ist, Farbe zu bekennen. Die Tibetische Kirsche (*Prunus serrula*) etwa wird nicht umsonst auch Mahagoni-Kirsche genannt, denn ihre Rinde gleicht einem mahagonifarbenen, metallisch glänzenden Ringelkleid. Im Frühjahr hüllt sie sich zudem in einen duftig-weißen Blütenschleier. Ein wunderbares Paar sind der Tatarische Hartriegel (*Cornus alba* 'Sibirica'), dessen leuchtend rote Triebe weithin sichtbar sind, und der Gelbholz-Hartriegel (*C. stolonifera* 'Flaviramea'), der den gleichen Effekt mit seiner grüngelben Rinde erzielt. Im Mai sind die beiden pflegeleichten Sträucher

erst von Insekten belagert, denen die weißen Blüten Nektar liefern, und anschließend von Vögeln, die es auf die weißen Beeren abgesehen haben. Nicht fehlen dürfen die immergrünen Gehölze wie Buchs, Eibe (*Taxus baccata*), Säulen-Wacholder (*Juniperus scopulorum* 'Skyrocket') und Stechpalme (*Ilex aquifolium*) sowie einige der zahlreichen wundervollen Winterblüher. Der Winter-Jasmin (*Jasminum nudiflorum*) etwa erinnert mit seinen gelben Blüten an Forsythien – nur dass sich seine bereits ab Dezember öffnen. Die punkig-gefransten Blüten der Zaubernuss (*Hamamelis × intermedia*) erscheinen im Januar und Februar. Hier hat man die Qual der Wahl zwischen zahlreichen Gelb-, Orange- und Rottönen. Und der ebenfalls im Februar blühende Winter-Schneeball (*Viburnum × bodnantense*) ist von allen Winterblühern wohl der mit dem herrlichsten Duft.

PFLANZENSCHUTZ

Sie krabbeln, kriechen, flattern oder schweben unsichtbar durch die Luft – zugegeben, sie alle wollen Ihren Pflanzen an den Kragen, aber das ist kein Grund zur Panik: Es gibt einiges, was man gegen Blattlaus und Schnecke, Frostspanner und Pilze unternehmen kann. Am besten machen Sie den Gartenunholden mit ein paar Tricks zur Vorbeugung gleich von vorneherein einen Strich durch die Rechnung.

BLATTLAUSALARM

Lass der Laus die Luft raus

OFTMALS SIND BLATTLÄUSE nur ein optisches Problem, zumal die Natur genügend Gegenspieler vorgesehen hat (siehe S. 119). In empfindlichen Kulturen und starken Befallsjahren können sie aber erhebliche Schäden anrichten, zumal sie häufig Viruskrankheiten übertragen. Grundsätzlich gilt: Je besser die Standortbedingungen der Pflanzen, desto widerstandsfähiger sind sie. Schwache oder überdüngte Pflanzen hingegen besitzen oft ein weiches Gewebe, das geradezu zum Anpiksen animiert. Auch im Garten sollten Sie Monokulturen vermeiden und stattdessen auf Mischkultur setzen (siehe S. 147). Zudem können Bohnenkraut, Dill, Thymian und viele andere Kräuter als Beeteinfassung oder zwischendrin gepflanzt abschreckend wirken. Kontrollieren Sie Ihre Pflanzen regelmäßig, damit Sie schnell reagieren können. Anfangs genügt es nämlich oft, die Tiere mit einem mäßig scharfen Wasserstrahl abzuspritzen und stärker befallene Pflanzenteile zurückzuschneiden. Nehmen die Läuse überhand, setzen Sie auf nützlingsschonende Produkte auf Basis von Kaliseife oder Rapsöl.

DICKMAULRÜSSLER

Fraßspuren am Blattrand

GERADE MAL 1 CM GROSS sind die schwarzen Käfer mit dem gefurchten Rücken – aber sie riskieren gerne mal eine große Lippe: Ihr Appetit versetzt viele Gärtner in Alarmstimmung. Rhododendron, Kirschlorbeer (*Prunus laurocerasus*), Eibe (*Taxus baccata*) und Stechpalme (*Ilex*), Forsythie, Flieder und Erdbeeren – sie alle stehen auf der

Speisekarte der Käfer und ihrer im Boden lebenden Larven. Letztere richten dabei den größeren Schaden an, denn sie knabbern an den Wurzeln der Pflanzen. Entdeckt werden die Übeltäter aber meist, weil die Blattränder den typischen Buchtenfraß zeigen.

Bei stärkerem Befall können Sie Dosen oder Blumentöpfe mit Holzwolle unter den Gehölzen aufstellen, in denen sich die nachtaktiven Käfer tagsüber vor der Sonne verstecken und sich somit leicht absammeln lassen. Die Larven und Puppen lassen sich mit Nematoden der Art *Heterorhabditis bacteriophora* sehr gut bekämpfen – das sind winzige parasitäre Fadenwürmer, die für Menschen und Haustiere völlig ungefährlich sind. Man rührt sie in Wasser ein und gießt sie zwischen Anfang April und Ende Mai und noch einmal zwischen August und Ende Oktober direkt an den Wurzelbereich – dann finden sich dort nämlich die Puppen und Larven der Dickmaulrüssler. Eine einmalige Anwendung genügt meist, denn die Nematoden vermehren sich weiter, solange sie Nahrung finden, und überdauern auch mehrwöchige Fastenzeiten.

Nematoden reagieren empfindlich auf UV-Licht, bringen Sie die Nützlinge deshalb am besten abends oder bei bedecktem Himmel aus. Die Bodentemperatur muss mindestens 12 °C betragen.

FROSTSPANNER & CO.

Straßensperren gegen Plünderer

ZU DEN GRÖSSTEN FANS der Obstbaumblüte zählen die Raupen des Großen und Kleinen Frostspanners: Begeistert machen sie sich über Blüten und Blätter her, später vernaschen sie sogar die jungen Früchte. Danach seilen sie sich zum Boden ab, um sich dort zu verpuppen. Wenn dann im Herbst die Falter schlüpfen, begeben sie sich sofort auf Partnersuche. Unfairerweise, aber zum Glück für den Gärtner müssen sich die flugunfähigen Spannerweibchen zu Fuß auf den Weg in die Baumkrone machen, um dort ihre Eier abzulegen. Das wird ihnen zum Verhängnis, denn so kann man sie ohne großen Aufwand mit im Fachhandel erhältlichen Leimringen abfangen. Ende September legt man diese Ringe um die Stämme – bei jungen Obstbäumen auch um den Stützpfahl, falls vorhanden. Bei Apfelbäumen bleiben praktischerweise auch Blutläuse an den Klebefallen hängen, und an Haselnusssträuchern angebracht gehen den Ringen auch Haselnuss-Knospenbohrer auf den Leim.

Ist es trotz der Straßensperre zu einem erheblichen Befall gekommen – etwa weil an den Leimringen haftende Blätter nicht entfernt wurden und so als Brücken dienten – können Sie im Frühjahr zur Zeit des Blattaustriebs die frisch geschlüpften Raupen bekämpfen. Nützlingsschonende Mittel sind dabei stets die erste Wahl, zum Beispiel *Bacillus-thuringiensis*-Präparate, die man ins Wasser einrührt und auf die Bäume spritzt. Die Bakterien bilden bestimmte Eiweißkristalle, an denen die Raupen zugrunde gehen, während sie für Nützlinge unschädlich sind. Der aus den Samen des Neembaums (*Melia azadirachta*) gewonnene Wirkstoff Azadirachtin hilft ebenfalls gegen die Raupen, schädigt allerdings leider auch die nützlichen Schwebfliegen.

Verwenden Sie nur grüne Leimringe, da weiße auch Nützlinge anziehen. Praktisch: Aus Produkten mit »Kriechleim« können sich fliegende Insekten wieder befreien, auch Blätter bleiben seltener haften. Sie können direkt auf den Stamm aufgetragen werden.

MADEN IM OBST

Ausgeschwärmt

MADEN IN ÄPFELN, Kirschen oder Pflaumen mögen zwar eine eiweißhaltige Beikost sein, doch die ungefragte Erweiterung der Speisekarte ist nicht jedermanns Sache. Die Übeltäter sind Fruchtfliegen oder Falter, die ihre Eier in oder auf den Früchten ablegen. Sobald die ersten Nachkommen geschlüpft sind, schlagen sie sich in den Früchten den Bauch voll, um sich dann im Boden ein ruhiges Plätzchen zum Verpuppen zu suchen. Um sie ohne Gifteinsatz zu bekämpfen, ist langfristiges strategisches Denken gefordert. Zunächst einmal gilt es festzustellen, ob wirklich so viele Schädlinge unterwegs sind, dass man sich darüber den Kopf zerbrechen muss. Dazu hängen Sie zu Beginn der Blütezeit sogenannte Pheromonfallen in die Obstbäume. Diese klebrigen Karten oder Häuschen sondern Sexuallockstoffe ab, die auf liebestrunkene Fruchtfliegen- oder Faltermännchen eine unwiderstehliche Anziehungskraft haben.

Kirschfruchtfliegenfallen leuchten zudem gelb, weil die Fliegen ihre Eier in Kirschen legen, die sich gerade von grün zu gelb verfärben. Durch diese Fallen können Sie feststellen, wann die Schädlinge zu fliegen beginnen. Bei Apfel- und Pflaumenwicklern ist eine Bekämpfung erst sinnvoll, wenn innerhalb einer Woche mehr als fünf Falter kleben bleiben. Darüber hinaus senken die weggefangenen Männchen die Zahl befruchteter Weibchen.

Bei **Kirschfruchtfliegen** stellen die Klebefallen die einzige zulässige direkte Bekämpfungsmethode im Haus- und Kleingartenbereich dar. Die effektivste vorbeugende Maßnahme besteht darin, früh reifende Kirschsorten anzubauen. Auch können Sie die Baumscheibe (siehe S. 49) Ende April mit Netzen mit einer Maschenweite von 0,8 mm bedecken: Dadurch können die Fliegen nicht aus dem Boden hochkrabbeln, wenn sie aus den in der Erde überwinternden Puppen schlüpfen. Umgekehrt kann eine Folienabdeckung zu Beginn der Erntezeit verhindern, dass sie überhaupt erst Überwinterungsmöglichkeiten im Erdreich finden. Die Folie erleichtert zudem die Ernte, die immer zügig und vollständig erfolgen sollte.

Gegen **Apfelwickler** und **Pflaumenwickler**, die beide jeweils zwei Generationen von Nachkommen pro Jahr zeugen, helfen Trichogramma-Schlupfwespen. Diese legen ihre Eier in die Eier der Schädlinge und dämmen den Befall deutlich ein. Bei Apfelbäumen hängt man dazu vom Beginn der Eiablage Anfang Juni bis Mitte August alle zwei bis drei Wochen fertig zu kaufende Pappkarten in die Bäume, auf denen sich verschiedene Stadien der für Menschen und Haustiere völlig ungefährlichen Nützlinge befinden. Bei Pflaumen startet man erst Anfang Juli, wenn bereits die zweite Eiablage bevorsteht – den Fruchtverlust durch die erste Generation verbucht man schlicht als Ausdünnungsmaßnahme (siehe S. 43). Nützlinge schonen Sie auch, wenn Sie Ihre Apfelbäume nach Überschreiten der Schadschwelle (mehr als fünf Falter pro Woche) jeweils mit einer Lösung spritzen, die ein nur für Apfelwickler tödliches Granulosevirus enthält.

Alternativ oder zusätzlich können Sie ab Mitte Juni unterhalb der Apfelbaumkronen einen etwa 15 cm hohen Ring aus Wellpappe anbringen, bei Pflaumenbäumen ab August. In diese künstlichen Verstecke ziehen sich die Larven gerne zum Verpuppen zurück. Die Wellpappe tauschen sie wöchentlich gegen neue aus – die alte legen Sie in einen Wassereimer oder verbrennen sie. Auch bereits befallene Früchte sollten man auflesen und ins Wasserbad stecken, ehe sie kompostiert werden. Schütteln Sie außerdem den Baum von Zeit zu Zeit, damit madige Früchte frühzeitig herunterfallen.

Den verbleibenden Wicklern können Sie mithilfe von Nematoden das Leben schwer machen. Diese winzigen Fadenwürmer sind eine effektive kleine Kampfeinheit, verschiedene Arten helfen gegen verschiedene Schädlinge. Um gegen die in Baumrindenritzen überwinternden Wickler vorzugehen, rührt man die entsprechenden Nematoden

Anfang September (Pflaumenwickler) beziehungsweise Ende September (Apfelwickler) in Wasser ein und sprüht sie am besten bei feuchter Witterung spätnachmittags oder abends auf die Stämme und Äste. Bezugsquellen für die genannten Nützlinge und Pheromonfallen finden Sie ab S. 154.

Entfernen Sie alle Klebefallen nach der Flugzeit der Schädlinge umgehend, auf diese Weise schonen Sie andere Insekten, die sonst ebenfalls daran hängenbleiben würden.

SCHNECKENPLAGE

Schleimer bitte draußen bleiben

ZUGEGEBEN, MANCHMAL grenzt es an ein Massaker, was Schnecken über Nacht im Gemüsebeet veranstalten. Aber wer sich mit Mordgedanken trägt und schon zur Schere greifen will, dem seien vorher ein paar friedlichere Alternativen genannt. Schneckenzäune aus Metall oder Kunststoff zum Beispiel halten fiese Schleimer wie die gefürchtete Spanische Wegschnecke wirkungsvoll auf Abstand. Achten Sie lediglich darauf, dass keine Blätter darüberhängen, die den Schnecken als Brücken dienen.

Empfindliche Stauden lassen sich mit Kunststoffkragen schützen, bis sie größer und robust genug sind. Mit aromatischen hartlaubigen Kräutern wie Thymian, Salbei und Lavendel können Sie eine Duftbarriere errichten, die manche Schnecke die Richtung wechseln lässt, und vor allem bei Trockenheit erschweren Streifen aus Sand oder Sägemehl den Kriechern das Vorankommen. Wo im Vorjahr empfindliche Arten wie Salat standen, haben sich im Boden lebende Schnecken wie die Genetzte Ackerschnecke oft stark vermehrt. Weichen Sie mit solchen Kulturen im Folgejahr auf andere Flächen aus.

Wenn die Rachegedanken zu stark werden und Sie Schneckenkorn ausbringen möchten, sollten Sie zu nützlingsschonenden Produkten auf Basis von Eisen-III-Phosphat greifen – schließlich wollen Sie nicht versehentlich Schneckenräuber wie Igel und Vögel töten. Wer Bierfallen aufstellen möchte, um den Schnecken beim Nichtschwimmen zuzusehen, sollte dies übrigens nur innerhalb von Schneckenzäunen tun –

der Geruch hat den unerwünschten Nebeneffekt, zusätzliche Tiere anzulocken. Noch wenig bekannt ist die Schneckenbekämpfung mittels der Nematodenart *Phasmarhabditis hermaphrodita*. Die winzigen Fadenwürmer sind für Menschen und Haustiere völlig ungefährlich. Mit der Gießkanne ausgebracht parasitieren sie verschiedene Schadschnecken und reduzieren den Befall für etwa sechs Wochen deutlich.

KIRSCHZWEIGE VERTROCKNEN

Spielverderber Spitzendürre

EIN KRISCHBAUM IST OFT der ganze Stolz seiner Besitzer. Doch manchmal entdeckt man Dinge, die die Vorfreude auf die runden bis herzförmigen Köstlichkeiten trüben: Erst verwelken einige Blütenbüschel der Sauerkirschen und einige Tage bis Wochen später vertrocknen ganze Zweige , ohne dass die Blätter abfallen. Dahinter steckt meist der Pilz *Monilia laxa*. Besonders wenn zur Blütezeit eine feucht-warme Witterung herrscht, dringt er über die Blüten in die Pflanze ein und kann im Extremfall den ganzen Baum zum Absterben bringen. Grundsätzlich können

auch Süßkirschen und anderes Steinobst sowie Kernobst befallen werden, die Sauerkirsche ist jedoch am stärksten betroffen. Auch über die Früchte kann sich ein Monilia-Pilz ausbreiten: *Monilia fructigena* lässt das Obst zunächst faulen, dann bilden sich ringförmige weiße Sporenpolster. Schließlich trocknen die Früchte ein, und es entstehen **Fruchtmumien**. Dieser *Monilia*-Typus ist auch für Kernobst von Bedeutung.

Bei Sauerkirschen besteht eine der wichtigsten vorbeugenden Maßnahme darin, widerstandsfähige Sorten zu wählen, beispielsweise 'Gerema', 'Morina', 'Korund' oder 'Safir'. Grundsätzlich sollten Sie zudem für alle Obstarten einen sonnigen, luftigen Standort wählen und die Bäume regelmäßig auslichten (siehe S. 51): Wenn sie gut durchlüftet sind und nach einem Regenguss rasch abtrocknen, haben es Pilzkrankheiten generell schwerer. Beernten Sie Ihre Obstbäume immer vollständig und lassen Sie vor allem keine Fruchtmumien hängen. Sind bereits Zweige befallen, schneiden Sie diese mindestens 20 cm tief ins gesunde Holz zurück. Wo dieses anfängt, ist oftmals gut am Gummifluss zu erkennen. Das ist eine harzartige Flüssigkeit, die in der Übergangszone austreten kann. Abfälle sollten Sie keinesfalls kompostieren, sondern über den Restmüll entsorgen.

Falls es zur Blütezeit sehr feucht ist oder Sie wiederholt mit Spitzendürre und Fruchtfäule zu kämpfen hatten, kann es sinnvoll sein, vorbeugend mit einem Fungizid zu spritzen, und zwar wenn sich die Blüten gerade öffnen, zur Vollblüte und noch einmal, wenn die Blütenblätter abzufallen beginnen. Dafür zugelassene Mittel finden Sie in der Pflanzenschutzmitteldatenbank des Bundesamts für Verbraucherschutz und Lebensmittelsicherheit (siehe S. 154).

ÜBEREIFRIGE WÜHLMÄUSE

Aus die Maus

SCHON SO MANCHER FRISCH gepflanzte Obstbaum ist den scharfen Zähnen einer Wühlmaus zum Opfer gefallen, auch Blumenzwiebeln sind bei Schermaus und Co. beliebt. Verhindern können Sie das, indem Sie Gehölze und Zwiebeln beim Pflanzen mit einem Wühlmausschutz versehen. Das sind Drahtkörbe mit einer Maschenweite von 10–12 mm, die man mitsamt dem Wurzelballen beziehungsweise der Zwiebel in der Erde versenkt. Mitunter helfen auch Narzissen zwischen den Wurzeln – manchmal werden aber auch sie gefressen. Wer den Wühlern partout an den Kragen möchte, sollte zumindest auf Giftköder wegen der damit verbundenen Gefahren für andere Lebewesen verzichten und sich an mechanische Fallen halten. Man versieht sie mit einem Stück Möhre oder Apfel, schiebt sie so weit wie möglich in die Wühlmausgänge und deckt sie lichtdicht ab. Achtung, damit Sie nicht versehentlich einen geschützten Maulwurf erwischen, sollten Sie vorher eine **Wühlprobe** machen, indem Sie den Gang auf einer Länge von etwa 30 cm öffnen. Ist er von einer Wühlmaus bewohnt, hat sie ihn meist nach 30 Minuten, spätestens nach sechs Stunden wieder geschlossen.

RHODO-KNOSPEN SCHIMMELN

Zickige Zikaden

MIT EINEM FEINEN HAARFLAUM überzogene, schwarze Rhododendronknospen sind das Werk des Pilzes *Pycnostysanus azaleae* – aber der hat einen Helfer, und zwar die Rhododendronzikade. Das eigentlich sehr hübsche grün-rot gemusterte Insekt steht im Verdacht, den Pilz zu übertragen – wobei dies noch nicht endgültig bewiesen ist. De facto stechen die etwa 1 cm großen Zikaden die Blätter an, um an den süßen Pflanzensaft zu gelangen, was die Ziergehölze zunächst ziemlich kaltlässt. Problematisch sind hingegen die kleinen Wunden, die sie bei der Eiablage in die Knospenschuppen verursachen – das sind perfekte Eintrittspforten für Pilze.

Erkranken können Rhododendren jedoch auch ohne Beihilfe durch die Insekten. In beiden Fällen sind vor allem geschwächte Pflanzen betroffen, weshalb die richtigen Standortbedingungen einem Befall bestens vorbeugen. Optimal ist ein Platz im lichten Schatten tief wurzelnder Bäume wie Kiefern, Lärchen oder Eichen. Moorbeeterde im Pflanzloch, Spezialdünger und Wasser aus der Regentonne tragen ebenfalls zur Widerstandsfähigkeit bei.

Schwarze Knospen sollten Sie sofort ausbrechen und über den Restmüll entsorgen. Fungizide helfen gegen den Pilz nicht. Lediglich den Zikaden kann man den Garaus machen, indem man die Blätter mit im Handel erhältlichen Neem-Produkten besprüht – vor allem die Unterseiten sollte man behandeln, denn dort sitzen sie meist. Die aus den Neembaumsamen gewonnenen Wirkstoffe schonen die meisten Nützlinge mit Ausnahme der Schwebfliege.

ROSEN-MIMOSEN

Widerstandskraft stärken

AN DER ROSE KÖNNEN sich viele Monarchen ein Vorbild nehmen, die Königin der Blumen hat den Sprung in die Moderne nämlich fantastisch gemeistert. Musste sie früher mit Fungiziden bei Laune gehalten werden, stehen heute viele robuste Rosensorten zur Auswahl (siehe S. 93). Unterstützend sollte man sie für eine gute Durchlüftung stets mit ausreichend Abstand zueinander pflanzen und beim Gießen darauf achten, die Blätter nicht zu benetzen. Natürlich kann im Laufe des hoffentlich langen Rosenlebens trotzdem dann und wann mal ein Pilz zuschlagen. **Sternrußtau** beispielsweise, erkennbar an den oft sternförmigen schwarz-violetten Blattflecken, oder der **Rosenrost**, der sich durch orangefarbene Flecken auf der Blattoberseite und orangerote, später schwarze Sporenlager auf der Blattunterseite verrät. Auch Echter und Falscher **Mehltau** sind potenzielle

Kandidaten. Ersterer tritt vor allem in feuchtwarmen Sommern auf und ist gut am mehlig-weißlichen, leicht abwischbaren Belag auf den Blättern zu erkennen. Falscher Mehltau hingegen ist auf feuchtkühle Sommer spezialisiert und überzieht vor allem die Blattunterseiten mit einem grauen, kaum abwischbaren Pilzrasen. Auf den Blattoberseiten bilden sich dunkle Flecken. Alle genannten Pilzkrankheiten können Sie mit im Fachhandel erhältlichen Fungiziden bekämpfen. Bei robusten Sorten genügt es aber oft schon, befallene Pflanzenteile konsequent zu entfernen und über den Restmüll zu entsorgen.

BUCHS WIRD BRAUN

Höchste Alarmstufe

JAHRELANG ZEIGTE SICH der Buchs (*Buxus*) dicht und grün, doch nachdem sich erst einige junge Blätter orangebraun und ältere dunkelbraun verfärbt haben, rieselt das Laub plötzlich haufenweise zu Boden. Entdeckt man zudem schwarze Streifen auf den Zweigen und weiße Sporenlager auf den Blattunterseiten, ist es Gewissheit: Der gefürchtete Pilz *Cylindrocladium buxicola* hat sich in der Pflanze eingenistet. Prinzipiell kann man zwar einen starken Rückschnitt versuchen (Schneidewerkzeuge immer wieder sorgfältig mit hochprozentigem Alkohol desinfizieren). Doch empfindlichere Sorten wie 'Suffruticosa' und 'Blauer Heinz' sind meist nicht zu retten, wenn das Buchsbaum-Triebsterben erst einmal begonnen hat. Entsorgen Sie die Pflanze mitsamt Falllaub, Wurzeln und umgebender Erde über den Restmüll – nicht zum Kompost geben!

Vorbeugend sollten Sie immer nur an den Fuß der Pflanze gießen, damit die Blätter trocken bleiben, und auf einen luftigen Stand achten. Bei feuchter Witterung können Sie zum Blattaustrieb mehrmals im Abstand von zwei Wochen mit Fungiziden auf Basis der Wirkstoffe Tebuconazol, Azoxystrobin und Mancozeb spritzen. Ausgefallene Sträucher ersetzen Sie am besten durch Alternativpflanzen wie Buchsblättrige Berberitze (*Berberis buxifolia* 'Nana'), Japanische Stechpalme (*Ilex crenata*), Glänzende Heckenkirsche (*Lonicera nitida*), Liguster (z. B. *Ligustrum vulgare* 'Lodense') oder Lebensbaum (z. B. *Thuja occidentalis* 'Teddy').

BRAUNE TOMATEN

Gut bedacht ist halb gewonnen

WENN TOMATENPFLANZEN braune Flecken auf Blättern und Trieben bekommen und die Früchte braun anlaufen, hat die gefürchtete **Kraut- und Braunfäule** zugeschlagen. Sie wird von dem Pilz *Phytophtora infestans* verursacht, der auch Kartoffeln und andere Nachtschattengewächse wie z.B. Auberginen, Paprika und Petunien befallen kann. Kranke Pflanzenteile sollten Sie sofort bis ins gesunde Gewebe zurückschneiden und über den Restmüll entsorgen, allerdings sind befallene Pflanzen meist nicht mehr zu retten. Da der Pilz Feuchtigkeit benötigt, um sich auszubreiten, können Sie einer Erkrankung vorbeugen, indem Sie Topftomaten unters Balkondach stellen und Freilandtomaten unter ein gekauftes oder selbst gebautes Tomatendach pflanzen. Gießen Sie ohne Brauseaufsatz direkt an die Triebbasis, damit die Blätter trocken bleiben.

Einige Tomatensorten, zum Beispiel 'Philovita', sind zwar nicht hundertprozentig resistent, aber doch sehr widerstandsfähig gegenüber dem Erreger.

SCHIMMEL AN ERDBEEREN

Sauerstofftherapie

GEGEN DEN VERURSACHER des **Grauschimmels**, den Pilz *Botrytis cinerea*, kann man prinzipiell Spritzmittel einsetzen – allerdings nur vorbeugend zur Blütezeit, wenn ein Pilzrasen sichtbar wird, ist es bereits zu spät. Natur und Gesundheit zuträglicher ist es, auf schonende Maßnahmen zu setzen, etwa, indem man widerstandsfähige Sorten

GARTEN EXTRA

Nützlinge anlocken

Wenn in diesem Buch immer wieder auf Alternativen zu Pflanzenschutzmitteln oder auf nützlingsschonende Präparate hingewiesen wird, dann hat das einen bestimmten Grund: Im Kampf gegen die verschiedenen Schädlinge steht Ihnen eine ganze Reihe von Nützlingen bereitwillig zur Seite. Und diese **treuen Helfer** sollte man nicht vergraulen, sondern ihnen das Leben so angenehm wie möglich machen. Dazu braucht es oft gar nicht viel: Blüten- und Wildobststräucher bieten beispielsweise Vögeln, Insekten und Klein-

säugern Zuflucht und Nahrung. Trockensteinmauern und Gartenteiche sind ebenfalls wertvolle **Kleinbiotope,** und der Igel, der Schnecken im Wortsinne zum Fressen gern hat, freut sich über einen Laubhaufen als Winterquartier.

Wer aktiv etwas für nützliche Insekten tun möchte, kann ihnen zusätzliche Versteck- und Überwinterungsmöglichkeiten anbieten. Ohrwürmer fühlen sich in Blumentöpfen mit Holzwollefüllung wohl – einfach einen Strick durch das Abzugsloch ziehen, innen einen Knoten machen

und den Topf umgekehrt im Baum aufhängen. Das Stroh wird mithilfe von Hasendraht oder einem Mandarinennetz im Topf gehalten. Mit Stroh gefüllte Holzkästen mit seitlichen Einflugschlitzen werden zum Florfliegen-Hochhaus (gibt's fertig zu kaufen). Bastelfans können auch Holunderzweige bündeln oder Holzblöcke mit Bohrlöchern versehen, sie dienen Schlupfwespen und Wildbienen als Nisthilfen. Im Fachhandel (siehe S. 154) finden Sie zudem attraktive fertige **Insektenhotels** in unterschiedlichen Größen.

wie 'Honeoye', 'Elvira', 'Polka', 'Korona' oder 'Tenira' pflanzt. Setzen Sie die Pflanzen nicht zu eng, damit sie nach einem Regenguss gut abtrocknen können, und mulchen Sie kurz vor Beginn der Blütezeit mit Stroh, damit die Früchte nicht auf dem Boden aufliegen und rundum belüftet werden. Alte Blätter sollten Sie umgehend entfernen,

genau wie befallene Früchte, falls der Grauschimmel doch einmal auftritt.

Wenn Sie nach zwei Jahren die alten Erdbeerpflanzen gegen neue austauschen, weil sie nicht mehr so viele Früchte hervorbringen, wechseln Sie am besten auch gleich den Standort. Auf dem alten Beet sollten erst nach vier Jahren wieder Erdbeeren stehen.

GARTENTEICH

Auf zu fröhlichen Wasserspielen, ob im Garten oder mit dem Mini-Teich auf dem Balkon. Wie die gute Laune trotz zwischenzeitlicher Algeninvasion erhalten bleibt, der Wasserspiegel nicht über die Maßen sinkt und man Fische gegen Reiherbesuch verteidigt – die Tipps dazu gibt's hier. Und wer bislang nur von einem Teich träumte: Wagen Sie den Sprung ins kalte Wasser und tauchen Sie nach erfrischenden Ideen.

PLATZMANGEL

Mini-Teiche für Balkon und Terrasse

DAS BERUHIGENDE PLÄTSCHERN eines Springbrunnens, das Glitzern der Wasseroberfläche im Sonnenlicht, ihre kühle Frische an einem heißen Sommertag ... Das Elixier des Lebens hat eine ganz besondere Anziehungskraft. Und mag auf Balkon und Terrasse auch kein Platz für eine raffinierte Was-serlandschaft sein, für einen kleinen Wandbrunnen oder einen Mini-Teich reicht es allemal. Wenn es schnell gehen soll, können Sie auf kleine Fertigteiche mit Holz- oder Polyrattanverkleidung zurückgreifen, die Sie nur noch mit Wasser befüllen und bepflanzen. Deutlich mehr Charme haben aber meist selbst zusammengesuchte Gefäße wie eine kleine Zinkwanne oder ein altes halbiertes Weinfass, das gegebenenfalls

noch mit Teichfolie ausgekleidet wird. Auch wasserdicht lasierte Keramikgefäße geben attraktive Mini-Teiche ab, besonders, wenn Sie verschiedene Größen zusammen gruppieren.

Das Begrünen geschieht am besten mithilfe von Pflanzkörben. Für eine schönere Optik und damit beim Einsetzen weniger Erde aufgeschwemmt wird, können Sie auf dem Pflanzsubstrat weißen Kies verteilen. Tipp: Spülen Sie ihn vorher schon einmal ab, um ihn vom Kiesstaub zu reinigen. Wenn das Gefäß groß genug ist – etwa bei einem halben Weinfass oder einer Zinkwanne –, können Sie mithilfe von Backsteinen auf unkomplizierte Weise verschiedene Wassertiefen »nachbauen« (siehe S. 125). Achten Sie bei der Pflanzenwahl stets darauf, eher schwachwüchsige Arten zu verwenden – beispielsweise den Kleinen Rohrkolben (*Typha minima*) anstatt seines großen Bruders, Zwerg-Seerosen (siehe S. 126) oder die Sumpf-Schwertlilie (*Iris pseudacorus*) 'Alba'.

Kündigt sich allmählich der Winter an, wird es Zeit zum Umziehen: Tropische Wasserpflanzen überwintern am besten bei etwa 20 °C an einem hellen Platz im Haus – im Mini-Teich oder in einem Wassereimer finden sie genügend Platz. Winterharte Pflanzen in frostfesten Gefäßen dürfen sogar draußen bleiben, sofern sie an einem geschützten Platz stehen und mit Styroporplatten vor dem Durchfrieren geschützt werden. Im Zweifelsfall gewähren Sie ihnen besser ebenfalls Asyl, am besten an einem kühlen hellen Platz im Keller oder Treppenhaus.

FOLIE ODER BECKEN?

Graben muss man sowieso

NICHT JEDER KANN oder will sich einen Naturteich leisten, den der Fachmann mit einer Tonabdichtung versehen hat. Die meisten Gartenteiche legt man mithilfe von Kunststofffolie oder Fertigbecken an, wobei beide Varianten ihre Vorteile haben. Für kleinere Teiche sind Fertigbecken oft am unkompliziertesten und mit ihrem starren Rand auch für Hanggärten gut geeignet. Je größer der Teich sein soll, desto wichtiger werden jedoch Kriterien wie Haltbarkeit, Flexibilität in der Form und eine einfache Reparatur bei Beschädigungen – und die sprechen für den Folienteich.

Bei der Wahl der Folie sollte man sich allerdings individuell beraten lassen, denn die günstigsten PVC-Folien sind meist zu dünn und können statt Geld Nerven kosten, weil sie schnell kaputtgehen. Die teuersten Folien aus synthetischem Kautschuk (EPDM-Folie) wiederum halten zwar mit einer Lebensdauer von rund 40 Jahren sehr lange, sind aber zumindest aus bautechnischen Gründen meist nicht notwendig. Sinnvoll sind in jedem Fall eine 10–20 cm dicke Schicht aus Sand und ein Wurzelschutzvlies unter der Folie, damit sie auf einem gleichmäßigen Untergrund aufliegt.

Eine Sandschicht gehört auch unter Fertigteiche, um ein wenig Spielraum beim Anpassen zu haben. Das ist nämlich neben der starren Form einer der großen Nachteile der Fertigbecken:

Beim Ausheben der Grube muss man echte Maßarbeit leisten, damit das Becken später nicht in der Luft hängt – denn dann würde es dem je nach Größe doch enormen Wasserdruck nicht dauerhaft standhalten. Auch die Ausrichtung der Wanne sollte man exakt mit der Wasserwaage kontrollieren, sonst kann man sie nicht komplett befüllen, was unschön aussieht.

Sowohl Fertigteiche als auch Teichfolien sind im Fachhandel übrigens auch mit einer Beschichtung aus feinem Kies erhältlich. Sie mutet deutlich natürlicher an als schwarze Folie, die erst noch »Patina« ansetzen muss. Allerdings sollte man beschichtete Teichfolie vorsichtshalber stets auf eine Schicht normale Teichfolie kleben. Außerdem lässt sie sich nicht so leicht reparieren wie die glatte schwarze Variante.

HOLZPODEST FAULT

Nah am Wasser gebaut

AUF EINEM HOLZSTEG sitzen und die Füße ins Wasser baumeln lassen – herrlich! Aber wer lange Freude an Holzkonstruktionen haben möchte, die ständig oder oft mit Wasser in Kontakt kommen, sollte dafür die richtige Holzart auswählen. Prinzipiell sehr gut geeignet sind Bangkirai, Massaranduba und diverse andere Tropenhölzer. Die Bäume, von denen sie stammen, sind in ihrer Heimat bereits unter feuchtwarmen Bedingungen gewachsen und entsprechend widerstandsfähig. Wer sich für diese Holzarten entscheidet, sollte allerdings ausschließlich Produkte verwenden, die das FSC-Siegel (Forest Stewardship Council) tragen – und selbst diese stammen bisweilen aus fragwürdigem Abbau. Aus ökologischer Sicht sollten Sie besser Robinie, Douglasie, Lärche und Esskastanie den Vorzug geben, die ihren tropischen Verwandten in Sachen Witterungsbeständigkeit nicht oder kaum nachstehen. Empfehlenswert sind zudem Betonstützen oder ein Stahlunterbau, um direkten Wasserkontakt zu verhindern.

PFLANZEN FÜRS WASSER

Von Frei- und Nichtschwimmern

FÜR EIN NATÜRLICHES Erscheinungsbild sollte ein Teich verschiedene Wassertiefenzonen besitzen. Fertigteiche sind damit bereits ausgestattet, bei Folienteichen können Sie das Relief entsprechend modellieren. Wie breit Sie die Zonen anlegen, hängt davon ab, welche Pflanzen Sie auf jeden Fall unterbringen möchten. Sumpfdotterblume (*Caltha palustris*) und Gauklerblume (*Mimulus*) beispielsweise fühlen sich in der 10–20 cm tiefen Sumpfzone pudelwohl.

In der angrenzenden, 20–60 cm tiefen **Flachwasserzone** gedeihen Kleiner Rohrkolben (*Typha minima*), Zebra-Simse (*Scirpus lacustris* 'Zebrinus') oder das blau blühende Hechtkraut (*Pontederia cordata*). Zum Bepflanzen von geraden Abschnitten bieten sich Pflanzkörbe an, steile Böschungen begrünen Sie mithilfe von Pflanztaschen, die Sie am Teichrand mit Steinen beschweren und ins Wasser hineinhängen.

In der Mitte befindet sich die **Tiefwasserzone**. Sie wird auch Seerosenzone genannt, weil sich hier Arten tummeln, die entweder wie die Seerose tief am Grund im Schlamm einwurzeln oder sich als echte Freischwimmer präsentieren. Zu Letzteren gehören die Gelbe Teichrose (*Nupha lutea*) und das niedliche Feenmoos (*Azolla caroliniana*).

Eine exotische Schönheit ist die Wasserhyazinthe (Eichhornia crassipes) mit ihren eleganten Blättern und wundervollen Blüten. Die Freischwimmerin muss zwar meist jedes Jahr neu gekauft werden, aber diese Investition ist sie wert.

SEEROSEN WUCHERN

Blütenzwerge statt Blattriesen

EIN TEICH STEHT AUF der Wunschliste vieler Gartenbesitzer ganz oben. Seerosen wiederum führen die Hitliste der Wasserpflanzen an – was angesichts ihrer Schönheit nicht verwundert. Die Freude ist groß, wenn sich die stets ein wenig geheimnisvoll wirkenden Wasserpflanzen im Teich gut eingelebt haben. So gut, dass gerade kleine Teiche manchmal rasch zugewuchert werden, denn Seerosen haben einen starken Ausbreitungsdrang. Da das künstliche Biotop jedoch erheblich an Reiz einbüßt, wenn gar keine Wasseroberfläche mehr zu sehen ist, sollten Sie für kleinere Gewässer am besten von vornherein schwach wachsende Seerosen wählen. Gut geeignet ist beispielsweise die auch als Zwerg-Seerose bekannte Art *Nymphea tetragona*, aber auch viele Hybriden wie beispielsweise die karminrote Sorte 'Froebeli', die rosafarbene 'Madame Maurice Laydeker' und die apricotfarbene 'Aurora' kommen infrage.

Mit Sorten, die zur Größe und auch zur Tiefe Ihres Teichs passen, stellen Sie zudem von Anfang an sicher, dass die Pflanzen auch tatsächlich blühen. Seerosen, die zu dicht stehen oder in zu flachem Wasser wurzeln, bringen nämlich oft nur Blätter hervor. Abhilfe können Sie gegebenenfalls schaffen, indem Sie das Rhizom der Seerosen bis Ende Juli teilen oder die Pflanze an eine tiefere Stelle umsetzen.

Auch ein Wasserspiel, das für eine stetige Bewegung der Wasseroberfläche sorgt, kann sich negativ auf die Blühbereitschaft auswirken. Genau wie zu wenig Sonnenlicht und Nährstoffmangel: Sechs Stunden Sonne täglich sollten es schon sein. Und am Anfang der Saison freut sich Ihre Seerose, wenn Sie sie mit einem Langzeitdünger versorgen. Dazu können Sie ganz normale Düngekegel für Balkonblumen verwenden, die Sie direkt in den Pflanzballen stecken.

Seerosen, die sich zu sehr ausbreiten oder nach einigen Jahren an Vitalität einbüßen, teilen Sie im Mai: Pflanze vorsichtig vom Substrat befreien, mit einem scharfen Messer eine kräftige Triebspitze abschneiden und wieder einpflanzen.

LOTOSBLUME

Zäher als gedacht

WER SEEROSEN LIEBT, wird von Lotosblumen (*Nelumbo*) fasziniert sein: Mit ihren prächtigen Blütenkronen und den eleganten wasserabweisenden Blättern bringen sie einen Hauch von Exotik in den Teich und sind wie geschaffen für Gärten mit Asia-Flair. Dennoch wagen sich viele Teichfans nicht so recht an die extravagante Schönheit heran – oft weil sie glauben, Lotus gehe beim ersten Frost kaputt oder müsste aufwendig im Haus überwintert werden. Dem ist aber nicht so, im Gegenteil: Wichtig ist lediglich, dass das Rhizom, mit dem die Wasserpflanzen im Schlamm einwurzeln, frostfrei bleibt. Dann überstehen sie den Winter problemlos. Dazu muss der Teich allerdings tief genug sein, damit er nicht bis zum Grund durchfriert. Mit einer Tiefe von 1,20 m sind Sie auf der sicheren Seite.

WASSERSALAT KÜMMERT

Schonkost für Genügsame

ÜBERALL WIRD ER als »die« Schwimmpflanze für Mini-Teiche empfohlen – und dann denkt er gar nicht daran, einen guten Eindruck zu machen, sondern dümpelt stattdessen mit fahlgelben Blättern vor sich hin. Dabei stimmt der Tipp prinzipiell: Wassersalat (*Pistia stratiotes*) ist zwar nicht essbar, aber dafür unschlagbar pflegeleicht. Da er aus den Tropen stammt, gedeiht er problemlos auch in warmem Wasser und ist selbst mit einer etwa 20 cm tiefen wassergefüllten Schale auf dem Balkon zufrieden. Im Herbst zieht er einfach an einen hellen, 15–20 °C warmen Platz in der Wohnung um. Allerdings lebt auch ein solch anspruchsloses Geschöpf nicht von Wasser und Liebe allein, ein paar Nährstoffe dürfen es schon sein – und genau die fehlen dem Starkzehrer in seiner Glasschüssel. Mischen Sie ihm jedes Mal, wenn Sie Wasser nachfüllen, ein paar Tropfen Wasserpflanzendünger ins kühle Nass, und frischgrünen Blättern und niedlichen Ablegern steht nichts mehr im Wege.

Im Gartenteich hingegen sind durch verrottende Pflanzenteile oder Fischbesatz meist sogar eher mehr Nährstoffe vorhanden, als dem kleinen Biotop langfristig guttut. Hier können Sie den Wassersalat gezielt einsetzen, um zu verhindern, dass das Gewässer umkippt: Je mehr Nährstoffe vorhanden sind, desto rascher vermehrt sich der Wassersalat. Dann können Sie ihn gelegentlich abfischen und kompostieren. So entziehen Sie dem Teich die überschüssigen Nährstoffe.

FISCHBESATZ

Fischgründe und fischfreie Zonen

GARTENTEICH UND GOLDFISCHE, das gehört für viele untrennbar zusammen: Ihnen zuzusehen hat etwas ungemein Entspannendes, und greift man zur Futterdose, kommen sie sofort zutraulich angeschwommen. In kleinen Teichen allerdings hat diese Beziehung keine Zukunft: Durch das Futter und die Exkremente der Tiere steigt der Nährstoffgehalt der kleinen Gewässer stark an. Zudem fressen sowohl Goldfische als auch Kois Wasserflöhe und andere nützliche Kleinstlebewesen, die sich von Planktonalgen ernähren. Und sie wühlen am Teichgrund den Boden auf, wodurch im Schlamm gebundene Nährstoffe frei werden. Dadurch stehen Kleinstgewässer schnell vorm Umkippen, und die Fische treiben eines Tages mit dem Bauch nach oben im Teich – das muss wirklich nicht sein.

Wer nicht auf Fische verzichten möchte, sollte einen Teich von mindestens 2 000 Liter Fassungsvermögen einplanen (das klingt mehr, als es ist, da ja auch die Teichtiefe zählt). Und auch dann hängt eine artgerechte Haltung natürlich von der Fischart und der Zahl der Tiere ab. Grundsätzlich besser geeignet als Goldfische und Kois sind klein bleibende Arten wie Rotfeder und Goldorfe, die sich von abgestorbenen Pflanzenteilen ernähren und so die

Wasserqualität sichern helfen. Auch Bitterlinge, die für die Vermehrung auf die Gemeine Teichmuschel angewiesen sind, sowie Edel- und Steinkrebs sind diesbezüglich pflegeleicht. Für Krebse sollten Sie ein paar Versteckmöglichkeiten am Teichgrund bereitstellen, zum Beispiel größere Steine, Tonblumentöpfe oder Dachfirstziegeln. Damit sich die Fische wohlfühlen und auch im Winter draußen bleiben können, muss der Teich allerdings so tief sein, dass er auch in strengen Wintern nicht bis auf den Grund zufriert. Die oft genannten 80 cm sind gerade in rauen Lagen viel zu knapp bemessen: Die Mindesttiefe sollte 1,20 m betragen, und zwar auf einer Fläche von 1–2 m².

In jedem Fall empfehlenswert sind Teichfilter und Pumpe. Sie kombinieren häufig eine mechanische Reinigung mit UV-Licht oder einer biologischen Filterstufe, bei der sich Bakterien als Putzkolonne betätigen (siehe S. 154). Ebenfalls wichtig: Nicht zu viel füttern, auch wenn es Spaß macht. Eine abwechslungsreiche Teich- und Uferbepflanzung sorgt dafür, dass die tierischen Bewohner ausreichend Nahrung finden und meist ganz ohne Zufüttern auskommen. Futterreste tragen dann nur zur Überdüngung bei.

GEFAHRLOS ÜBERWINTERN

Angelschein im Schnellverfahren

BÄUME UND STRÄUCHER machen sich ja netterweise alleine winterfit. Der Teich hingegen braucht ein paar Streicheleinheiten, ehe er sich in den Winterschlaf begibt. Die sollten Sie ihm (je nach Witterung meist Ende Oktober) auch gewähren, denn umso erfolgreicher startet er im nächsten Jahr wieder

durch. Zunächst ist Großreinemachen angesagt, da ein Zuviel an organischem Material im Teich über die Wintermonate zu Sauerstoffmangel führen kann. Entfernen Sie bei den Teichpflanzen welke Blätter und mithilfe eines Schlammsaugers auch einen Teil des Schmodders, der sich am Teichgrund abgesetzt hat – aber nicht mehr als zwei Drittel, denn im Schlamm wohnen auch wertvolle Kleinstlebewesen. Als schonendere Alternative können Sie spezielle im Fachhandel erhältliche Bakterien ausbringen, die den Schlamm als leckeren Snack betrachten.

Wärmeliebende Pflanzen wie der Wassersalat ziehen nun ins Haus um – am besten nicht erst kurz vorm ersten Nachtfrost, sondern wenn die Temperaturen unter die 10-Grad-Marke fallen. In einem Eimer Wasser fühlen sie sich an einem hellen Platz bei 15–20 °C am wohlsten. Auch Wasserspiele und Filter samt Pumpen kommen ins Haus. Binsen (*Juncus*) und andere Pflanzen mit hohlen Stängeln könnten Sie prinzipiell jetzt schon zurückschneiden, besser ist es jedoch, sie bis zum Frühjahr stehen zu lassen: Sie wirken wie Bündel von Strohhalmen und belüften den Teich auf natürliche Weise.

Da das gerade in kleineren Teichen häufig nicht ausreicht, um die im Wasser gebildeten Faulgase entweichen zu lassen, sollten Sie zusätzlich einen beziehungsweise bei größeren Teichen am besten gleich mehrere **Eisfreihalter** ins Wasser setzen. Achtung, einfache Styroporplatten genügen nicht, da sie wegfliegen können und zudem nach oben gedrückt werden, wenn der Teich zufriert. Eisfreihalter besitzen aus diesem Grund mit Sand gefüllte Kammern, die das verhindern. Falls ein mit Fischen besetzter Teich bereits zugefroren ist, dürfen Sie auf keinen Fall versuchen, ein Loch hineinzuhacken, da die Schwingungen die Schwimmblase der Tiere zerstören können. Schmelzen Sie mit heißem Wasser nach und nach ein Loch in die Eisschicht und setzen Sie dann einen Eisfreihalter ein.

Sollen die Fische im Haus überwintern, weil der Teich zu flach ist (siehe S. 128), angeln Sie die Tiere mit einem Käscher heraus und setzen sie in ein mit Licht, Filter, Boden und ein paar Sauerstoffpflanzen (siehe S. 131) ausgestattetes Aquarium. Die Pflanzen können Sie dem Gartenteich entnehmen. Das Aquarium sollte mindestens 100 Liter fassen und mindestens zehnmal so lang sein wie der größte Fisch. Bei 15 °C füttern Sie nun alle zwei bis drei Tage ein wenig Frostfutter – gerade so viel, wie die Fische in fünf Minuten fressen. Alle zwei Wochen empfiehlt es sich zudem, etwa ein Drittel des Wassers gegen frisches Leitungswasser auszutauschen. Sobald das Teichwasser im Frühling eine Temperatur von 10 °C hat – beziehungsweise sobald es der Temperatur entspricht, die im Aquarium herrscht – dürfen die Fische wieder ins Freie.

Damit sich die Fische im Frühjahr akklimatisieren können, stellen Sie die Tiere zunächst mitsamt Eimer in den Teich, sodass der Eimerrand oberhalb der Wasseroberfläche ist. Nach einer halben Stunde dürfen sie dann wieder ihre Runden im Freibad drehen.

ALGEN EINDÄMMEN

Klare Verhältnisse

WENN DAS MOTTO »Ohne Mühe zur trüben Brühe« lauten würde, hätten viele Gartenteiche gute Aussichten auf den ersten Platz. Das hat zwei Gründe: zu viele Nährstoffe und zu wenig Sauerstoff. Beide Ursachen zugleich bekämpfen Sie, indem Sie den Teich regelmäßig von Algen und sauerstoffzehrendem Material wie Schlamm, herumtreibenden Blättern und faulenden Pflanzenteilen befreien. Fische sollten Sie zudem nur bei ausreichender Teichgröße (siehe S. 128) ins Wasser setzen und die Teichreinigung durch einen Filter unterstützen. Ebenso schön wie nützlich ist ein kleiner Springbrunnen: Er bringt kontinuierlich frischen Sauerstoff ins Wasser. Dafür sorgen auch zahlreiche Wasserpflanzen. Lustig anzusehen ist

ALLES, WAS RECHT IST

FROSCHKONZERT

Bleiberecht für Musiker

Frösche zu beobachten kann wirklich Spaß machen. Sie im Garten anzusiedeln sollte man sich aber gründlich überlegen. Denn: Nach dem Bundesnaturschutzgesetz gehören die stimmgewaltigen Sprungtalente zu den »besonders geschützten« oder »streng geschützten« Arten. Und als solche darf man sie weder umsiedeln noch töten – ganz egal, ob die kleinen Quaker von alleine zugewandert sind oder Sie die erste Generation selbst in den Teich gesetzt haben. Sobald sich ein Frosch im Gartenteich häuslich eingerichtet hat, dürfen Sie keinerlei Änderungen mehr vornehmen, die seinem geschützten Bewohner zum Nachteil gereichen könnte. Teich zuschütten oder durch neue Bepflanzung die Frösche vertreiben ist tabu.

der Tannenwedel (*Hippuris vulgaris*). Seine Triebspitzen ragen zum Teil aus dem Wasser heraus und wirken wie kleine Nadelwälder. Auch die frei im Wasser treibende Krebsschere (*Stratiotes aloides*) ist ein guter Sauerstoffspender und bringt im Frühsommer zudem hübsche weiße Blüten mit gelben Staubgefäßen hervor. Wer seinem Teich eine zusätzliche Sauerstoffdusche gönnen möchte, setzt einen Oxydator ins Wasser ein. Er enthält Wasserstoffperoxid, das mithilfe eines Katalysators zu Wasser und Sauerstoff reagiert.

Schon vor der Teichanlage sollten Sie darauf achten, dass der Teich nicht den ganzen Tag in der prallen Sonne liegt, damit sich das Wasser nicht zu sehr aufheizt. Als Faustregel gilt: Je kleiner der Teich, desto größer die Fläche, die zumindest einen Teil des Tages beschattet sein sollte. Oft hilft schon ein kleines Gehölz am Teichrand, beispielsweise ein Fächer-Ahorn (Acer palmatum).

LAUB IM TEICH

Betreiben Sie Networking

EIN FÄCHER-AHORN (*Acer palmatum*), der sich in der ruhigen Teichoberfläche spiegelt, eine kleine Trauer-Birke (*Betula pendula* 'Youngii'), die ihre Zweige malerisch übers Wasser streifen lässt: Gestalterisch sind Teiche und die sie umgebenden Gehölze und Stauden ein absolutes Dream-Team. Aber nach dem Abpfiff, wenn sich die Natur auf die Winterruhe vorbereitet und überall die Blätter zu Boden segeln, ist der Verdruss oft groß. Dann nämlich muss das Laub regelmäßig aus dem Wasser gefischt werden, damit der Teich nicht mit Nährstoffen überfrachtet wird und irgendwann umkippt.

Falls Sie sich diese Arbeit ein wenig erleichtern möchten oder vorsorgen wollen, weil etwa eine Woche Herbsturlaub ansteht, spannen Sie einfach beizeiten ein Netz über die Wasseroberfläche. Zur Befestigung eignen sich Zeltheringe, die Sie in ausreichender Entfernung zum Teichrand einschlagen sollten, um nicht versehentlich ein Leck zu verursachen. Jetzt nur noch die Schlaufen des Netzes über die Heringe ziehen – fertig ist der Laubschutz. Bei kleineren Teichen entfällt selbst das gelegentliche Entleeren des Netzes, wenn Sie eine Seite etwas erhöht an einem Bambusstab befestigen, sodass eine Schräge entsteht. An welcher Teichseite Sie das Netz erhöhen, sollten Sie vom Pflanzenbestand und der Hauptwindrichtung in Ihrem Garten abhängig machen, sonst landet durch die seitliche Lücke am Ende doch noch eine Menge Laub im Wasser.

Bei größeren Teichen hängt das Netz oft in der Mitte ins Wasser, sobald es durch Blätter beschwert wird. Halten Sie es mit ein paar im Wasser treibenden Styroporplatten in der Schwebe, damit das Laub nicht anfängt zu verrotten. Achten Sie auch darauf, dass das Netz aus beständigem Material besteht.

WASSERSPIEGEL SINKT

Erfolgreiche Spurensuche

KLAR, IM SOMMER ist es warm, da verdunstet schon mal etwas Wasser aus dem Teich. Aber wenn der Wasserspiegel innerhalb kurzer Zeit ungewöhnlich deutlich sinkt, ist meist nicht die Sonne der Übeltäter, sondern ein Loch in der Teichfolie. Bei der Suche nach dem Leck gehen Sie am besten wie folgt vor: Warten Sie, bis der Pegel nicht mehr weitersinkt, und markieren Sie den Wasserstand auf der Folie mit Kreide. Dann entnehmen Sie noch ein paar Eimer Wasser, um anschließend die Folie ringsum auf der Höhe der Kreidemarkierung besser untersuchen zu können.

Meist kann man das Loch durch Tasten finden, da oft ein Stein oder eine Wurzel die Ursache für das Leck ist.

Ist es gefunden, säubern Sie den Bereich um das Leck mit einem Spezialreiniger und dichten es dann mithilfe eines Folienstücks und wasserfestem Folienkleber ab (gibt es alles im Gartencenter). Der Flicken sollte das Loch dabei nicht nur knapp bedecken, sondern noch um 20 cm zu allen Seiten darüber hinaus. Nutzen Sie die Gelegenheit auch, um die restliche Folie zu säubern und zu kontrollieren. Insbesondere bei älteren Teichen findet man oft weitere bereits brüchige Stellen, die man vorsichtshalber ebenfalls überkleben sollte. Macht die Folie insgesamt einen schlechten

Eindruck, ist es womöglich an der Zeit, den Teich komplett neu anzulegen.

Tritt der starke Wasserverlust bei neu angelegten Teichen auf, kann es gut sein, dass die Folie vollkommen intakt, aber am Rand falsch verlegt ist. Oft werden die Folienränder in die Erde eingegraben, damit man sie nicht mehr sieht. Das kann sich als ungünstig erweisen, denn wenn die Erde bis zur Wasseroberfläche reicht, kann sie dem Teich Wasser entziehen wie der Docht einer Kerze das Wachs. Ein Effekt, der durch durstige Pflanzenarten am Teichrand noch verstärkt werden kann. Verstecken Sie das Folienende daher besser nach oben schauend zwischen Steinen.

In sehr heißen Sommern verursachen in dicht bepflanzten Teichen mitunter auch schlicht die **durstigen Pflanzen**, dass der Wasserpegel immer wieder sinkt. Wen das ständige Nachfüllen nervt, der kann sich behelfen, indem er einen Teil der Pflanzen ein Stück zurückschneidet und dadurch die Verdunstungsoberfläche reduziert.

REIHERBESUCH

Schutz vor Fischdieben

AMSEL, DROSSEL, FINK und Star ... ja, fast die ganze Vogelschar ist im Garten herzlich willkommen, es gibt aber auch Ausnahmen, und zu denen gehört der Reiher. Das clevere Kerlchen hat nämlich rasch gelernt, dass in Gartenteichen das herrlichste Fischbuffet wartet, das vogel sich nur vorstellen kann. Den Reiher von einer so leicht verdienten Mahlzeit abzubringen ist nicht ganz einfach. Mit etwas Glück genügen schon ein paar in nahen Gehölzen aufgehängte CDs, spiegelnde Folienstreifen und ähnlicher reflektierender Flitterkram, meist funktioniert das aber nicht so recht. Bei kleinen Teichen können rund ums Ufer gespannte Schnüre helfen. Auf einer Höhe von etwa 50 cm angebracht, verbauen sie dem Reiher den Zugang zum Wasser, und der Beutezug fällt in selbiges. Auch ein Netz vermiest dem majestätischen Schreitvogel sein Festessen – allerdings stört es womöglich auch den Teichbesitzer beim Anblick seines kleinen Biotops.

Viele Gärtner bauen daher auf eine Reiherattrappe am Teichrand. Sie soll dem echten Vogel vorgaukeln, dass dieses Revier schon besetzt ist. Der Erfolg

GARTEN EXTRA

Kinder im Garten

Kinder und ein Gartenteich, das geht auf den ersten Blick nicht so recht zusammen. Nicht nur Teiche, sondern auch Regentonnen, ein Kinderplanschbecken, offen herumstehende Eimer oder Pflanzgefäße, in denen sich Wasser sammeln kann, sind für Kleinkinder eine potenziell tödliche Gefahr. An technischen **Sicherungsmaßnahmen** gibt es im Wesentlichen drei Möglichkeiten: Man kann einen bereits bestehenden Teich einzäunen, mit Stahlgittern (Baustahlmatten aus dem Bau- oder Raiffeisenmarkt) überdecken oder schlicht zuschütten beziehungsweise zum Sumpfbeet umwandeln. Eimer und Pflanzgefäße sollte man nach dem Gebrauch wegräumen oder das Wasser regelmäßig ausleeren.

Noch wichtiger ist aber ein verantwortungsvoller Umgang mit den Kindern: **Kleinkinder** sollten Sie im Garten grundsätzlich nicht unbeaufsichtigt lassen. Ältere Kinder sollten nicht überbehütet, sondern für die Problematik sensibilisiert werden – wie in jedem anderen Bereich auch, etwa wenn es darum geht, nicht einfach auf die Straße zu rennen oder mit fremden Menschen mitzugehen. Ein einfaches Verbot genügt nicht, denn es ermuntert aufgeweckte Kinder oft gerade dazu, doch über die Teicheinzäunung zu klettern oder in der Regentonne zu angeln. Außerdem können die Kinder in einem anderen Garten dennoch auf einen offen zugänglichen Teich stoßen.

Daher sollte man sich in jedem Fall die Zeit nehmen, dem Kind zu erklären, warum diese Situationen so gefährlich sind und dass man es vor dieser Gefahr schützen möchte. Wenn die Kinder dann noch möglichst frühzeitig einen **Schwimmkurs** absolvieren, kann man den Teich gemeinsam mit dem Nachwuchs ruhigen Gewissens genießen und sich über viele spannende Naturbeobachtungen freuen.

---

hängt jedoch vor allem vom Charakter des Reihers ab – neugierige Tiere merken schnell, was Sache ist. Eine sichere Methode ist hingegen die Investition in einen »Reiher-Schreck«, eine Art Wasserpistole mit integriertem Bewegungsmelder. Registriert er eine Bewegung innerhalb der voreingestellten Reichweite, schießt der hin und her schwenkende Düsenkopf einige Sekunden lang einen Wasserstrahl quer über den Teich. Praktischer Nebeneffekt: Auf diese überraschende Dusche haben auch Katzen keine Lust.

GESTALTUNG

Irgendwie passt der Garten ja nie: Dem einen ist er zu groß, dem anderen zu klein, manchmal frisst er zu viel Zeit, und oft findet man ihn einfach ein bisschen langweilig. In allen Fällen heißt es: Schon kleine Veränderungen können eine erstaunliche Verwandlung bewirken. Vergrößern Sie Ihren Garten auf magische Weise, bringen Sie Licht in schattige Winkel oder lassen Sie Schmetterlinge von Blüte zu Blüte flattern.

ÖDER VORGARTEN

Blumiges Willkommen

WENN MORGENS DER ERSTE BLICK auf die zartrosafarbenen Blüten einer Säulen-Kirsche (*Prunus serrulata* 'Amanogawa') fällt, die Vögel zwitschern und die ersten Bienen schon eifrig dabei sind, Nektar zu sammeln, kann einem selbst ein schlecht gelaunter Chef den Start in den Tag nicht mehr vermiesen. Sogar auf Mini-Flächen, die nicht größer sind als der Abstellplatz für die Mülltonnen, ist Raum genug für einen schönen Blickfang.

Die attraktive Säulen-Kirsche etwa bleibt ebenso schlank und rank wie die magentafarben blühende Magnolie 'Susan' (*Magnolia lilliflora*). Zieräpfel (*Malus*-Hybriden, z. B. 'Van Eseltine') schmücken sich mit zart duftenden weißen Blüten und frischgrünem Laub, ehe im Spätsommer die hübschen kleinen Früchte folgen. Sie bleiben häufig den ganzen Winter hindurch an den Zweigen haften. Die Früchte der ebenfalls weiß blühenden Felsenbirne (*Amelanchier ovalis* und *A. lamarckii*) kann man sogar verzehren – als Konfitüre, Saft, Likör oder einfach pur. Später kann

man sich an der herrlichen Herbstfärbung der Blätter erfreuen. Unterpflanzt mit ein paar Frühlingsblühern und anspruchslosen Stauden wie Frauenmantel (*Alchemilla*) oder dem Blut-Storchschnabel (*Geranium sanguineum*), dessen Blätter im Herbst leuchtend rot anlaufen, sieht das Miniaturbeet rund ums Jahr schön aus.

Mülltonnenboxen aus Holz oder Edelstahl verhindern, dass die Wirkung gleich wieder zunichtegemacht wird. Begrünbare Varianten kann man zum Beispiel mit Dachgartenstauden bepflanzen. Sind Haus und Garten eher im Landhausstil gehalten, lenken Steinkraut, Teppich-Phlox und andere blühende Polsterstauden vom Inhalt der Boxen ab. Eine asiatische Anmutung erzielen Sie mit einer Kiesauflage und Mini-Koniferen auf dem Dach der Box. In größeren Vorgärten können Sie die Mülltonnen natürlich auch hinter einigen großen Gräsern oder Bambus (siehe S. 99) verbergen.

Der **Asia-Style** ist zudem grundsätzlich sehr gut für absonnig gelegene Vorgärten geeignet sowie für alle, die wenig Zeit für die Gartenarbeit haben. Rhododendren und Azaleen, Fächer-

Ahorn (*Acer palmatum*), Berg-Kiefer (*Pinus mugo*) und Zierkirsche sind nur eine kleine Auswahl geeigneter Pflanzen, die in Verbindung mit Kies und einem kleinen Wasserspiel aus Bambusrohr für eine meditative Stimmung sorgen können. Auf keinen Fall sollten Sie außerdem auf die prächtigen Blüten der Strauch-Pfingstrosen (z. B. *Paeonia-Rockii*-Hybriden) verzichten.

Ländliche Vorgärten werden mit einer Bank vor dem Haus und einem Schatten spendenden Hausbaum wie einem Apfelbaum oder einem blütenreichen Rotdorn (*Crataegus laevigata* 'Paul's Scarlet') zu erlebbaren Orten.

Blütenhecken und niedrige Holzzäune wirken freundlicher als Mauern oder hohe Eisenzäune und laden zu einem Schwatz mit dem Nachbarn ein. Den Eingang zum Grundstück können Sie mit einer kleinen Gartenpforte oder einem Rosenbogen betonen. Hier beginnt auch der – nicht zu schmale – Weg, etwa aus Natursteinpflaster oder mit Kiesbelag. Tipp: Wege sollten nie in gerader Linie von der Gartenpforte zur Haustür führen, sondern sich durch den Vorgarten schlängeln oder zumindest diagonal verlaufen. Dadurch erhält die Gestaltung gleich mehr Spannung, und die Fläche wirkt größer.

TRICKS FÜR KLEINE GÄRTEN

Magische Gartenvergrößerung

DAS GÄRTNERN IST EINE gefährliche Sache. Zwar stellt man angesichts der Erhabenheit der Natur oft fest, wie wenig man eigentlich zum Glücklichsein braucht. Von ebendiesem wenigen hätte man aber meist doch gerne ein bisschen mehr. Gerade in städtischen Einzugsgebieten umfassen viele Gärten weniger als 200 m², und mit 1 000 m² ist man schon beinahe ein Großgrundbesitzer. Mit ein paar gestalterischen Kniffen kann man aber auch in kleine Paradiese einen Hauch Großzügigkeit bringen, etwa über die Farbgebung. Knallige Farben wie Rot, Orange und Gelb oder gar ein bunter Farbmix lassen einen ohnehin kleinen Garten noch enger wirken. Wählt man hingegen kühlere Nuancen wie Blau, Violett, Weiß und Grün oder setzt auf Pastelltöne, treten die Gartengrenzen optisch zurück. Ein paar zusätzliche »gefühlte« Quadratmeter können Sie ergattern, wenn Sie eher wenige ausdrucksstarke Arten miteinander kombinieren, anstatt viel Klein-Klein zu betreiben. Oft hilft es schon, Ruhepole wie Buchskugeln, einen Säulen-Wacholder (*Juniperus scopulorum* 'Skyrocket') oder eine kleine Rasen- oder Kiesfläche einzuplanen.

Auch über eine interessante Wegeführung können Sie Ihren Garten vergrößern: Wo Pfade nicht schnurgerade verlaufen, sondern sich um attraktive Hindernisse wie etwa einen Hausbaum mit Rundbank herumschlängeln, sieht das Ergebnis nicht nur spannender aus, man legt beim Abschreiten auch tatsächlich eine längere Strecke zurück. Da ist man geneigt, den Füßen zu glauben, auch wenn das Auge ein kleineres Grundstück vermutet hätte.

Von der tatsächlichen Größe ablenken kann man auch, indem man lange schmale Grundstücke in zwei oder mehrere kleine Gartenräume unterteilt. Dafür eignen sich beispielsweise schmale Buchshecken, eingezogene Spalierobstreihen (siehe S. 50) oder auch Rankgerüste, die zudem in der Vertikalen neuen Platz für Blüten schaffen (siehe S. 145). Dadurch, dass man das Grundstück nicht auf einen Blick überschauen kann, wird es schwerer, die tatsächliche Größe abzuschätzen – wenn der Garten so viele Überraschungen bereithält, kann er so klein ja nicht sein. Einen ähnlichen Effekt erzielen Sie übrigens, wenn Sie einen Sitzplatz nicht ebenerdig anlegen, sondern auf einem kleinen Holzpodest: Die höhergelegte Fläche wird ebenfalls als eigenständiger Gartenraum wahrgenommen.

Manche Gärtner besitzen auch einen echten Zauberspiegel: An einer Mauer angebracht und in einen Fenster- oder Türrahmen eingefasst gaukelt der Spiegel dem Betrachter vor, es handle sich bei ihm um den Eingang zum nächsten Gartenraum. Darüberhängende Ranken von Kletterpflanzen verstärken diesen Effekt. Da gelegentlich auch Vögel auf die optische Täuschung hereinfallen, sollte man solche Spiegel möglichst nur an geschützten Plätzen anbringen, etwa unter einer Laube.

Selbst durch die Anordnung der Pflanzen können Sie die Raumwahrnehmung zu Ihren Gunsten beeinflussen. Setzen Sie Funkien (Hosta), Schaublatt (Rodgersia) und andere Pflanzen mit großen Blättern in den Gartenvordergrund und kleinblättrige Arten in den Hintergrund, verleiht das dem Raum mehr Tiefe. Dasselbe gilt für die Farbwahl der Gehölze und Stauden: Dunkellaubige Arten wie Eibe (Taxus baccata) gehören nach vorne, helllaubige wie Birke (Betula) oder Eschen-Ahorn (Acer negundo, z.B. die Sorte 'Variegatum') ans Gartenende.

VERLOREN IM GARTEN

Behaglichkeit für große Grundstücke

VIELE TRICKS, DIE KLEINE Gärten größer wirken lassen, sind praktischerweise auch geeignet, um das Gegenteil zu bewirken. Damit große Grundstücke nicht langweilig wirken, ist es besonders wichtig, gerade Wege zu vermeiden und direkte Blickachsen zu unterbrechen. Das kann wie bei kleinen Gärten zum Beispiel dadurch geschehen, dass man die Fläche in verschiedene Räume einteilt. Hohe Hainbuchenhecken mit kleinen Fenstern und Türen etwa, durch die geheimnisvoll ein paar Stauden hindurchwinken, locken immer weiter in den Garten hinein. Als Raumteiler und

Blickfang zugleich eignet sich auch eine kleine Gehölzgruppe, eine großzügige Wasserlandschaft oder ein aufgeschütteter sanft ansteigender Hügel.

Je mehr Platz zur Verfügung steht und je weiter die Wege sind, die zurückgelegt werden müssen, desto mehr Sitzplätze sollten Sie zudem einplanen: Eine verwunschene Laube am Ende eines Gangs, eine seitlich eingezogene Pergola mit kleinem Laubengang oder ein von Rosen umgarnter Pavillon laden zum Innehalten und Genießen ein. Solche Elemente sind zudem optimal geeignet, um einige prächtige Staudenbeete daran angrenzen zu lassen. Sowohl für den Bodenbelag der Sitzplätze als auch für Rasen- und Kiesflächen gilt übrigens: Kreisformen lassen einen lang gestreckten Garten kürzer und breiter erscheinen – der Garten wirkt gleich viel gemütlicher.

TROCKENE SÜDSEITE

Für Sonnenanbeter

BEI DER PFLANZENWAHL ist es wie mit der Partnersuche: Natürlich kann man sich das nächstbeste Exemplar schnappen und versuchen, in den kommenden Monaten an seinem Herzblatt herumzuerziehen. Das endet aber meist in allgemeinem Frust und einem frühzeitigen Ende des hoffnungsvoll begonnenen Projekts. Im Garten lautet daher eine der wichtigsten Regeln: Wählen Sie Arten, die zum Standort passen (siehe S. 24 und S. 149). Die Auswahl für trockene Südlagen auf dem Balkon und im Garten ist gar nicht mal so klein. Geranien (*Pelargonium*), Portulakröschen (*Portulaca*) und Kapkörbchen (*Dimorphotheca* und *Osteospermum*) trotzen der Hitze ebenso wie Wolfsmilch (*Euphorbia*), Hauswurz- und Mauerpfefferarten (*Sempervivum* und *Sedum*) mit dickfleischigen Blättern, in denen sie Wasser und Nährstoffe speichern. Lavendel, Currykraut (*Helichrysum italicum*) und Blauraute (*Perovskia abrotanoides*) reflektieren mit ihrer silbrigen Bereifung einen Teil der Sonnenstrahlen und haben zudem ihre Blattoberfläche stark verkleinert, während sich Königskerzen (*Verbascum*) und Woll-Ziest (*Stachys byzantina*) mit einem zarten Haarflaum vor Sonnenbrand schützen. Wortwörtlich hart im Nehmen sind Oleander (*Nerium ole-*

ander), Mannstreu (*Eryngium*) und die Palmlilie (*Yucca*): Mit ihrem ledrigen oder harten Laub haben sie die Verdunstung auf ein Minimum zurückgefahren. Auch zahlreiche Ziergräser sind echte Trockenkünstler und im Frühjahr und Herbst sorgen Zwiebelblumen für zusätzliche Farbtupfer – nachdem sie während der trockensten Zeit des Jahres einfach Siesta gehalten haben.

Wo ausreichend Platz zur Verfügung steht, müssen im Sommer weder Menschen noch Pflanzen in der Hitze schmoren. Abhilfe schafft ein Hausbaum: Er bringt Struktur in den Garten, dient Singvögeln als Nistplatz und spendet wohltuenden Schatten.

SCHATTIGE NORDSEITE

Maßnahmen bei Verdunkelungsgefahr

MIT DER GESTALTUNG von Schattengärten beschäftigt man sich am besten im Hochsommer. Bei Temperaturen über 30 °C wissen nämlich selbst überzeugte Sonnenanbeter das kühle Understatement und das geheimnisvolle Zwielicht dieser Orte plötzlich zu schätzen. Abseits von Blütenprotzereien rücken hier vor allem die Blätter der Pflanzen in den Mittelpunkt – die filigranen Wedel der Farne beispielsweise, die malerische Form des Salomonssiegels (*Polygonatum*), die eleganten Horste der Funkien (*Hosta*) oder das imposante Laub von Schaublatt (*Rodgersia*) und Tafelblatt (*Astilboides*). Aber auch schattentole-

rante Blütenschönheiten finden sich in überraschend großer Zahl. So warten etliche Blattschmuckstauden als kleines Plus mit attraktiven Blüten auf, etwa Elfenblume (*Epimedium*), Funkien, Purpurglöckchen (*Heuchera*) und Herbst-Steinbrech (*Saxifraga cortusifolia* var. *fortunei*). Daneben gibt eine ganze Reihe von Gattungen, die man schon von sonnigen Flächen kennt. Dazu zählen unter anderem verschiedene Arten von Glockenblumen (z. B. *Campanula trachelium*), Storchschnabel (beispielsweise *Geranium nodosum*), Anemonen (etwa *Anemona hupehensis*), Phlox (zum Beispiel *Phlox amplifolia*) und Primeln (z. B. *Primula vialii*).

Zusammen mit Blütenstauden wie Goldnessel (*Lamium galeobdolon*) und

Waldsteinie (*Waldsteinia*), Eisenhut (*Aconitum*), Wald-Geißbart (*Aruncus dioicus*) und Prachtspieren (*Astilbe*) könnte man prinzipiell sogar die gleiche Farbpalette abdecken wie mit Sonnenstauden. Weiße und pastellige Blüten kommen in absonnigen Bereichen aber besonders gut zur Geltung, denn sie bringen genau wie weiß-grün panaschierte Blätter Licht ins Dunkel. Setzen Sie daher auch bei den **Accessoires** auf helle Farbtöne und glänzende Oberflächen: Eine weiß lackierte Holzbank, helle Kiesflächen, Edelstahlkugeln oder ein kleines Wasserbecken lockern die Dschungelatmosphäre auf.

HANGGARTEN

Eine steile Karriere

EIN GARTEN MIT GEFÄLLE ist eine Herausforderung – und eine Chance, denn Hanggärten gehören zum Spannendsten, was die Gartengestaltung zu bieten hat. Besitzt Ihr Grundstück nur ein geringes Gefälle, ist es oft ein Leichtes, ihn mithilfe einer kleinen Stützmauer in zwei oder drei ebene Etagen zu unterteilen: Die Erde, die man an der einen Stelle abträgt, um die Fläche zu ebnen, verwendet man oberhalb der Mauer zum Auffüllen. Je steiler der Hang verläuft, desto mehr Terrassen braucht man und desto kleiner werden die einzelnen Abschnitte. Dennoch können hier sogar mehr Pflanzen Platz finden als auf der gleichen Fläche in der Ebene: In den Ritzen der zum Abstützen bestens geeigneten **Trockenmauern** fühlen sich zahlreiche Steingarten- und Polsterpflanzen pudelwohl. Wenn man gerade mal nicht den Ausblick genießt, bieten flächig wachsende Stauden und Kleingehölze wie Fingersträucher (*Potentilla*), Zwergmispeln (*Cotoneaster*), Kissen-Astern (*Aster dumosus*) oder Kleinstrauchrosen einen schönen Anblick. Sie tragen mit ihrem Wurzelwerk sogar aktiv zur Hangbefestigung bei.

Wer immer schon von einem Bach, vielleicht mit kleinem Wasserfall, geträumt hat – ein Hanggarten ist dafür geradezu prädestiniert. Er verleiht dem Garten einen Zauber, für den sich sogar das permanente Treppensteigen lohnt.

KAHLE GARAGENWAND

Jetzt geht's aufwärts

IMMER WIEDER STÖSST MAN bei der Gartengestaltung auf störende Wände, die jegliche Illusion von Natur schlagartig zunichtemachen. Aber nur, solange Sie das zulassen, denn oft braucht es nicht mehr als ein paar Samenkörner und ein bisschen Hasendraht oder gespannte Schnur als Rankhilfe, um eine öde Mauer in eine lebendige Wand zu verwandeln. Wenn Sie Abwechslung lieben oder es Ihnen gar nicht schnell genug gehen kann, bis Putz oder Beton hinter einem grünen Teppich verschwinden, sind einjährige Kletterpflanzen genau das Richtige. Ob farbenfrohe Klettermaxe wie Kapuzinerkresse (*Tropaeolum*), Schwarzäugige Susanne (*Thunbergia alata*) und Schönranke (*Eccremocarpus scaber*) oder zart parfümierte Schönheiten wie Duftwicke (*Lathyrus odoratus*) und Glockenrebe (*Cobaea scandens*), oft können Sie sich schon wenige Wochen nach der Aussaat an den ersten Blüten erfreuen.

Gemüsefans verbinden das Schöne mit dem Nützlichen, indem sie Feuerbohnen (*Phaseolus coccineus*) säen, die erst mit eleganten Blättern punkten, dann attraktive rote Blüten hinzufügen und das Ganze mit leckeren Hülsenfrüchten krönen. Wer längerfristige Projekte bevorzugt, verwendet mehrjährige Himmelsstürmer wie Kletterrosen oder Wilden Wein (*Parthenocissus quinquefolia*, S. 102), die mit jedem Jahr ein bisschen schöner werden.

Die Entdeckung der dritten Dimension kann auch überall dort von Vorteil sein, wo ein **Sichtschutz** erforderlich ist, etwa bei direkt aneinandergrenzenden Terrassen von Reihenhäusern oder an der Balkonbrüstung zum Nachbarhaus. Besonders praktisch ist eine Pergola, die auch neugierige Blicke von oben fernhält, wenn sie erst einmal begrünt ist. Wem Kletterpflanzen suspekt sind, der kann sich aber auch mit einem eleganten Sonnensegel, einem praktischen Sonnenschirm oder einem hohen Gras oder Gehölz behelfen. Das imposante Pampasgras (*Cortaderia selloana*) beispielsweise ist ein attraktiver Solitär für den Garten, und ein Kübel mit Flachrohr-Bambus (*Phyllostachys*) lässt sich auf einem rollbaren Untersetzer sogar je nach Sonnenstand leicht in die passende Position schieben.

BLÜHENDER RASENERSATZ

Bunter Pflanzenteppich

RASENFLÄCHEN KÖNNEN einem abwechslungsreich bepflanzten Garten als optischer Ruhepol guttun. Manchmal scheint dem Gärtner aber auch schlicht nichts anderes eingefallen zu sein – und es ist ja auch gar nicht so leicht, größere Flächen durchgängig zu bepflanzen. Aber es geht, vielen fantastischen **Bodendeckern** sei Dank. Der Kriechende Günsel (*Ajuga reptans*) ist so eine Wunderpflanze, die je nach Sorte zudem mit Sonne ebenso gut klarkommt wie mit Schatten. Neben seinen glänzenden grünen bis rotbraunen Blättern erfreut er den Gärtner von Mai bis Juni mit vielen adretten violettblauen Blütenkerzen. Mithilfe ihrer Ausläufer können schon fünf bis sechs Pflänzchen unter guten Bedingungen einen ganzen Quadratmeter pro Jahr erobern. Ohne dabei zu wuchern, denn der immergrüne Günsel schiebt seine Triebe, an denen er laufend neue Jungpflanzen bildet, oberirdisch voran. Dadurch genügt oft schon ein Stich mit dem Spatenblatt oder Rasenkantenschneider, um den Vorwärtsmarsch zu beenden.

Im Halbschatten und Schatten bilden auch Elfenblumen (*Epimedium*) und Schaumblüte (*Tiarella*), Dickmännchen (*Pachysandra*) und Pfennigkraut (*Lysimachia*), Kleines und Großes Immergrün (*Vinca minor* und *V. major*) sowie Wald-Erdbeeren (*Fragaria vesca*) und Waldsteine (*Waldsteinia*) bald dichte Blatt- und zwischenzeitlich auch Blütenteppiche. Auf sonnigen Freiflächen fühlen sich unter anderem Fingerkraut (*Potentilla*), Chinesische Bleiwurz (*Ceratostigma plumbaginoides*), viele Steinbrech- und Mauerpfeffer-Arten (*Saxifraga* und *Sedum*) sowie Allrounder wie Storchschnabel (*Geranium*) und Teppich-Knöterich (*Bistorta*) wohl.

Viele Stauden sind erstaunlich trittfest, allen voran der unter dem Namen Teppichverbene erhältliche Bodendecker Phyla nodiflora 'Summer Pearls' (siehe S. 87). Oder Sie schaffen einen Kiesgarten: In Kombination mit unterschiedlich großen, wie zufällig eingestreuten Findlingen entsteht selbst mit wenigen Pflanzen ein abwechslungsreiches Bild.

GEMÜSEBEETE AUFPEPPEN

Genuss im Quadrat

WARUM UNTERTEILT MAN den Garten eigentlich so oft in Ziergarten und Gemüsegarten? Eine Mischkultur bringt zum einen praktische Vorteile, weil etwa Nematoden – fiese winzige Fadenwürmer – die fröhlichen Studentenblumen (*Tagetes*) und die immer wiederkehrenden Ringelblumen (*Calendula*) nicht ausstehen können und daraufhin die gepflanzten Kräuter in Ruhe lassen. Und Bohnenkraut (*Satureja*) passt nicht nur im Kochtopf gut zu Bohnen, sondern vergrault auch die lästigen Bohnenläuse. Zum anderen strahlt ein Garten, in dem Büsche mit rot glänzenden Johannisbeeren (*Ribes rubrum*) neben strahlend gelben Sonnenblumen (*Helianthus anuus*) und duftendem Lavendel (*Lavandula*) stehen, eine beschwingte Lebendigkeit aus, die gute Laune macht. Reihen mit abwechselnd grün- und rotlaubigem Salat, rotstieligem Mangold und anderem bunten Gemüse tun ihr Übriges, um die Freiluftspeisekammer zum Hingucker zu machen.

Sehr beliebt ist eine Aufteilung in vier gleich große Beete (optimal zur Einhaltung der Fruchtfolge, S. 39) mit einem kleinen Rondell in der Mitte der Beetanlage. Im Rondell lässt sich eine Strauchrose oder eine Kletterrose am Rankobelisken schön in Szene setzen, aber auch ein kleiner Obstbaum oder eine Vogeltränke kommen hier bestens zur Geltung. Sowohl das Rondell als auch die Beete können Sie mit niedrigen Formschnitthecken aus Buchs (*Buxus*) einfassen (Buchs-Alternativen, S. 117) aber auch mit Lavendel, Schnittlauch und anderen aromatischen Kräutern. Sie verleihen dem Genussgarten einen ruhigen Rahmen und bieten auch im Winter einen schönen Anblick.

In Waldnähe, wo Rehbesuch häufig ist, oder in Stadtgebieten, in denen sich allabendlich die Kaninchen versammeln, kann es sinnvoll sein, das Gemüse mit einem Zaun vor den Mümmelmännern zu schützen. Hasendraht ist zwar schnell um die Beete herumgezogen, schöner ist jedoch ein feiner weißer oder auch naturbelassen-rustikaler Staketenzaun, der das Gärtchen im Garten abtrennt. Nun noch die Gartenpforte mit einem Rosenbogen betonen, und schon hat sich die Schutz- zur Verschönerungsmaßnahme gewandelt.

ZU WENIG ANBAUFLÄCHE

Raumwunder Hügelbeet

IN KLEINEN GÄRTEN ZÄHLT jeder Quadratmeter – und ebenden können Sie sich locker sichern, wenn Sie beim Gemüseanbau ein wenig vom üblichen Schema abweichen. Ungewöhnlich anzusehen, aber überaus praktisch ist beispielsweise ein Hügelbeet. Vorteil Nummer eins: Durch die halbrunde Form bekommen Sie auf der gleichen Beetgrundfläche mehr Pflanzen unter. Vorteil Nummer zwei: Ein Hügelbeet funktioniert nach demselben Prinzip wie ein Komposthaufen oder ein Hochbeet (siehe S. 37 und S. 66): Das organische Material im Inneren des Beets zersetzt sich zu Humus und gibt dabei Wärme und Nährstoffe ab. Dadurch verlängert sich die Anbausaison, und die Pflanzen wachsen besonders gut.

Aufgebaut wird ein Hügelbeet wie folgt: Zunächst stechen Sie auf einer Breite von 1,5 m und einer Länge von mindestens 4 m die Rasensoden ab und heben eine Grube von 30 cm Tiefe aus. Wie beim Komposter verhindert auch hier engmaschiger, rostfreier Maschendraht am Boden, dass es sich

Wühlmäuse in der beheizten Souterrainwohnung bequem machen. Nun schichten Sie mittig auf einer Breite von 60 cm etwa 40 cm hoch zerkleinerten Hecken- und Baumschnitt auf. Darauf legen Sie die Rasensoden mit den Wurzeln nach oben, lassen eine 30 cm starke Laubschicht folgen, die Sie angießen (vorsichtig, damit nichts verrutscht), und dann 15 cm Rohkompost. Den Abschluss bildet eine mindestens 15 cm starke Schicht aus dem Bodenaushub, den Sie zuvor zu gleichen Teilen mit gut verrottetem Kompost vermischen.

Wem ein Hügelbeet optisch nicht zusagt, der kann zusätzliche Anbaufläche gewinnen, indem er die Wegflächen reduziert: Gerade in kleinen Gemüsegärten tun es oft auch ein paar Holzplanken oder Trittplatten anstelle eines fest angelegten Weges. Besonders hübsch und schnell wieder weggeräumt ist ein ausrollbarer Laufsteg aus Holzplanken, die durch Draht miteinander verbunden sind.

BEETE MIT STAUDENMIX

Weniger Arbeit, doppelte Freude

HABEN SIE SICH SCHON mal gefragt, warum im öffentlichen Grün so lange nur Stiefmütterchen und Bodendeckerrosen zu finden waren? Ganz einfach: Alles andere war zu teuer, vor allem in der Pflege. Zeit ist Geld, und das besitzen die Gemeinden bekanntlich nicht. Seit einigen Jahren sieht man dennoch immer häufiger prächtige Staudenbeete – und die sehen noch dazu rund ums Jahr schön aus. Bei diesen Rabatten handelt es sich meist um speziell für Extremstandorte konzipierte Staudenmischpflanzungen. Die Idee dahinter ist – etwas verkürzt gesagt – folgende: Man besetzt »Problemflächen«, zum Beispiel in der prallen Sonne liegende Verkehrsinseln mit magerer Erde, mit Pflanzen, die genau solche Bedingungen lieben und so in relativ kurzer Zeit eine geschlossene Pflanzendecke bilden. Und das nahezu ohne Wässern.

Zudem sind die Gerüstbildner, Begleitstauden und Bodendecker (im Schnitt 15 bis 20 Arten und Sorten) so gut aufeinander abgestimmt, dass man sie zum gleichen Zeitpunkt auf dieselbe Höhe zurückschneiden kann – wo im großen Maßstab gepflanzt wurde, geschieht das sogar mit dem Rasenmäher oder einem Freischneider. Zwiebelblumen und kurzlebige Stauden sowie sich versamende Sommerblumen bringen von Anfang an Farbe ins Spiel.

Einen besonderen Stellenwert nehmen Ziergräser ein. Mit ihrem horstartigen bis flächigen Wuchs bilden sie attraktive Ruhepole oder sorgen für unbeschwerte Leichtigkeit. Gleichzeitig verbinden sie die Pflanzung übers Jahr hinweg, während sich Stauden und Sommerblumen in ihren Auftritten abwechseln. Praktisch: Im Herbst muss niemand von der Gartenbühne verschwinden, denn die Gräser, Stauden und Sommerblumen bieten auch im verblühten Zustand einen reizvollen Anblick und lassen sich im Winter vom Raureif verzaubern.

Von den Erfahrungen der Profis an gartenbaulichen Versuchsanstalten profitieren auch Hobbygärtner: Die Pflanzenlisten sind frei zugänglich, genau wie die wichtigsten Pflegeinfos.

149

SCHMETTERLINGSPFLANZEN

Paradies für fröhliche Falter

WENN DER ERSTE Zitronenfalter durch den Garten schwebt oder sich ein bunt schillerndes Tagpfauenauge auf dem Balkongeländer niederlässt, dann ist der Frühling da. Schmetterlinge sind in jedem Garten gern gesehene Gäste. Und mit den passenden Pflanzen können Sie die attraktiven Insekten sogar ganz gezielt in Ihr grünes Reich locken. Som-

STÖRENDES LICHT

Gespräche bringen Licht ins Dunkel

Leuchten und Laternen ermöglichen es, des Nachts sicheren Fußes zur Haustür oder zum Fahrradschuppen zu gelangen oder an lauen Sommerabenden noch ein Weilchen auf der Terrasse lesen zu können. Auch lassen sich so der Gartenteich oder interessante Gehölzstrukturen stimmungsvoll in Szene setzen. Bei den Nachbarn hingegen rufen Lichtquellen mitunter schlechte Laune hervor, wenn sie etwa das angrenzende Schlafzimmer nahezu taghell erleuchten. Wie bei vielen Gartenthemen gibt es in Sachen Beleuchtung keine einheitliche Rechtsprechung. Grundsätzlich gilt jedoch auch hier das Gebot der nachbarschaftlichen Rücksichtnahme: Oft genügt es schon, eine Lampe seitlich abzuschirmen oder sie mit einem Bewegungsmelder oder einer Zeitschaltuhr zu versehen, und das Problem ist gelöst. Die ohnehin überlasteten Gerichte sind über solch helle Momente sicherlich hocherfreut.

merflieder (*Buddleja*) ist ein solcher Schmetterlingsmagnet und an sonnigen Tagen nahezu ununterbrochen von zartem Flügelschlag umgeben. Auch Fetthenne (z. B. *Sedum telephium*, *Sedum spectabile*), Thymian und viele Korbblütler wie Astern, Purpursonnenhut (*Echinacea*) und Kugeldistel (*Echinops*) stehen bei den eleganten Flugkünstlern hoch im Kurs. Auf Blumen oder Gehölze mit gefüllten Blüten verzichten Falterfans hingegen: Die zusätzlichen Blütenblätter sind umgebildete Staubblätter und stehen oft so dicht, dass kaum noch ein Naschen am süßen Nektar möglich ist. Viele Sorten produzieren schon gar keinen Nektar und Pollen mehr – die Insekten müssen hungrig von dannen ziehen. Denken Sie aber nicht nur an die erwachsenen Falter, sondern auch an die Schmetterlingsraupen. Sie ernähren sich nämlich nicht von süßem Blütennektar, sondern je nach Art zum Beispiel von Brombeerblättern, Brennnesseln oder Klee. Für ein wenig **Wildwuchs** in einer Gartenecke sind neben den Schmetterlingen auch andere Nützlinge dankbar (siehe S. 119).

HERBSTLICHE ATTRAKTIONEN

Bunte Blätter, freche Früchtchen

WENN SICH DER SOMMER dem Ende entgegenneigt, brennen viele Stauden und Gehölze ein regelrechtes Farbenfeuerwerk ab. Zwischen den Blütenfontänen attraktiver Gräser wie Zwerg-Chinaschilf (*Miscanthus sinensis* 'Adagio'), Hohem Pfeifengras (*Molinia arundinacea*) und Lampenputzergras (*Pennisetum alopecuroides*) finden sich Astern und Chrysanthemen ebenso zum großen Finale ein wie Dahlien und Hohe Fetthenne (*Sedum telephium, S. spectabile*). In schattigeren Ecken schmiegen sich die grazilen Silberkerzen (*Cimicifuga*) an die mädchenhaften Herbst-Anemonen (*Anemone hupehensis* und *A. japonica*), flankiert von den charakteristisch geformten Blütenhelmen des Herbst-Eisenhuts (*Aconitum carmichaelii*). Und Purpurglöckchen (*Heuchera*), Bergenien (*Bergenia*), verschiedenen Storchschnabel-Arten (*Geranium*) und dem Japanischen Blutgras (*Imperata cylindrica* 'Red Baron') zaubern die ersten kalten Nächte ein hübsches Rot ins Gesicht. Selbstverständlich tauschen auch viele Bäume und Sträucher ihr grünes Sommerkleid gegen ein Festgewand ein: Neben den zahlreichen Ahorn-Arten (*Acer*) entlockt beispielsweise die Zaubernuss (*Hamamelis*) auch bekennenden Sommerfans bewundernde Kommentare. Auf Balkon oder Terrasse ist die Kupfer-Felsenbirne (*Amelanchier lamarckii*) mit ihrem leuchtend orangeroten bis purpurroten Laub im Kübel ein wundervoller Blickfang. Wilder Wein und Jungfernrebe (*Parthenocissus quinquefolia* und *P. tricuspidata*) bilden mit ihrem intensiv gefärbten Laub den passenden Hintergrund in der Vertikalen. Der ebenfalls in zahlreichen Farbtönen von Gelb bis Tiefrot erstrahlende Japanische Kuchenbaum (*Cercidiphyllum japonicum*) versüßt uns den Abschied vom Sommer: Sein welkendes Laub duftet köstlich nach Lebkuchen.

Viele Sträucher wie Wildrosen, Berberitze (Berberis vulgaris), Sanddorn (Hippophae rhamnoides) und Schlehen (Prunus spinosa) schmücken sich mit essbaren Früchten. Sie können sie selbst ernten oder dies den Vögeln überlassen.

GARTEN EXTRA

Dufte Gestaltungsideen

Gärtnern ist ein duftes Hobby – im wahrsten Sinn des Wortes, denn zahlreiche Pflanzen verströmen einen leckeren, betörenden, erfrischenden oder einfach überraschenden Duft. Am besten kann man die Aromen genießen, wenn man die verschiedenen Nuancen nicht wild miteinander mischt, sondern im Garten verschiedene Duftecken einrichtet. Eine Gartenlaube beispielsweise ist gleich doppelt so anziehend, wenn Kletterrosen, Waldreben (etwa *Clematis maximowiciana*, *Clematis armandii*) oder Geißblatt (zum Beispiel *Lonicera* x *heckrottii* oder *L. caprifolium*) sie mit ihrem Parfum erfüllen.

Würzige mediterrane Kräuter wie Rosmarin, Thymian, Salbei und Currykraut (*Helichrysum italicum*) stehen vor einer sonnigen Steinmauer in Hausnähe besonders gut. Die Steine schützen nicht nur vor Zugluft, sondern wirken auch als Wärme-

speicher. Wenn die Sonne hinterm Horizont verschwunden ist, strahlen sie noch lange die Hitze des Tages aus, wodurch die Kräuter besonders gut gedeihen und bis in die Nacht hinein ätherische Öle freisetzen. Der perfekte Hintergrund für einen Grillabend und um in Urlaubserinnerungen ans Mittelmeer zu schwelgen. Tipp: Verwenden Sie für zusätzliche Würze Rosmarinzweige statt Holzstäbchen für Fleisch- und Gemüsespieße.

Auf der sonnigen Terrasse finden erfrischende Zeitgenossen wie Zitronenverbene (*Aloysia citriodora*), Zitrone (*Citrus limon*) und Mexikanische Orangenblume (*Choisya ternata*) ihren Platz, und im angrenzenden Beet sorgen Nachtdufter wie Duft-Nachtkerze (*Oenothera odorata*), Nachtviole (*Hesperis matronalis*), Wunderblume (*Mirabilis jalapa*) und Madonnen-Lilie (*Lilium candidum*) nach Sonnenunter-

gang für romantische Stimmung. Tipp: Sehr intensive Düfte können bei empfindlichen Menschen auf Dauer Kopfschmerzen verursachen. Bedenken Sie das, wenn etwa das Schlafzimmerfenster zum Garten hinausgeht.

Im Kinderbeet geht es besonders spannend zu, mit Sicherheit zieht es auch Erwachsene immer wieder dorthin. Hier dürfen alle an Erdbeer-Minze (*Mentha* spec.), Ananas-Salbei (*Salvia rutilans*) und Schokoladen-Kosmee (*Cosmos atrosanguineus*) schnuppern. Oder wie wäre es mit Gummibärchenblume (*Cephalophora aromatica*), Cola-Kraut (*Artemisia abrotanum* var. *maritima*) und der unwiderstehlichen Schokoladenblume (*Berlandiera lyriata*)? Selbst wer Lakritz eigentlich nichts abgewinnen kann, wird zumindest verblüfft sein, wie echt die Lakritz-Tagetes (*Tagetes filifolia*) den Geschmack der Süßholznascherei nachahmt.

SERVICE

Pflanzen und Saatgut

Stauden

www.staudengaissmayer.de
www.stauden-stade.de
www.gluecksgarten.at
www.baldur-garten.at
www.stauden-shop.ch
www.frei-weinlandstauden.ch

Lakritz-Tagetes, Cola-Kraut und andere Kräuter und Duftpflanzen

www.blu-blumen.de
www.kraeuter-und-duftpflanzen.de
www.syringa-pflanzen.de

Kübelpflanzen

www.floramediterranea.de
www.flora-toskana.de

Bäume, Sträucher, Naschobst

www.baumschule-horstmann.de
www.eggert-baumschulen.de
www.wundersgartenwelt.de
    (teils ausgefallene Sorten)
www.baumschule-wolf.at
www.haeberli-beeren.ch (Händlersuche)
www.tom-garten.de

Saatgut, Saatbänder, Saatscheiben

www.gartenversandhaus.de
www.sperli-versand.de
www.pflanzenfee.at
www.saemereien.ch
www.samen.ch

Alte Gemüsesorten

www.nutzpflanzenvielfalt.de
www.saatgut-vielfalt.de
www.samenfest.de
www.arche-noah.at

www.prospecierara.ch
www.saemereien.ch

Blumenwiesenmischungen

www.blauetikett.de
www.hof-berggarten.de
www.rieger-hofmann.de

Blumenzwiebeln

www.albrechthoch-shop.de
www.treppens.de
www.bakker.at
www.blumenzwiebeln.net

Staudenmischpflanzungen

www.stauden.de → Staudenverwendung → Mischpflanzungen
http://shop.durchgeblueht.de

Pilzbrut

www.edelpilzzucht.de
www.pilzshop.de
www.pilzzuchtshop.de

Nützliches Zubehör

Pflanztaschen, Growing-Bags

www.samentraum.de

Drainagekissen

emsa, erhältlich in vielen Gartencentern, Händlersucher unter www.emsa.com

Bewässerungsspikes

www.baldur-garten.de

Gartenschlauch-Adapter für Indoor-Wasserhähne + Bewässerungssysteme

Gardena, erhältlich in vielen Gartencentern, Händlersucher unter www.gardena.com

Wasserspeichergranulate
www.jean-puetz-produkte.de
www.eco-bio-systems.de

Tomatendach
www.beckmann-kg.de

Hochbeete
www.gartenallerlei.de
www.hoch-beet.at

Teichzubehör
www.dennerle.com
www.oase-livingwater.com
www.soelltec.de

Katzenabwehrgürtel
www.schwegler-natur.de

Reiherschreck
www.westfalia.de
www.zooprofi.de

Raupenleim
www.schacht.de

Pflanzenschutz

Nützlinge
www.katzbiotech.de
www.nuetzlinge-shop.de
www.biogarten.ch
Bestellkarten sind zudem in vielen
Gartencentern erhältlich, Händlersucher
unter www.neudorff.de

Pflanzenschutznetze
Im Gartencenter und in Raiffeisenmärkten
sowie unter www.netzshop.ch finden Sie
eine große Auswahl.

Gierschgabeln, Staudenstützen u.v.m
www.biogartenversand.de

Pflanzenschutzmittel
Es werden immer wieder neue Pflanzenschutzmittel zugelassen und ältere aus
dem Verkehr genommen. Stets aktuell
informiert sind Sie mit der Pflanzenschutzmitteldatenbank des Bundesamtes
für Verbraucherschutz und Lebensmittelsicherheit. Unter
https://portal.bvl.bund.de/psm/jsp/
können Sie gezielt Schadorganismen oder
Obst- und Gemüsearten eingeben und
nach im Haus- und Kleingartenbereich
zugelassenen Mitteln suchen.

Links zum Nachschlagen
www.bio-gaertner.de
www.lwg.bayern.de
www.mein-schoener-garten.de
www.was-wir-essen.de

Literatur

Barlage, A., Goss, B., Schuster, T.:
Quickfinder Gartenjahr – Der beste
Zeitpunkt für jede Gartenarbeit. Gräfe und
Unzer Verlag, München
Haas, H.: Das große GU Praxishandbuch
Pflanzenschnitt. Gräfe und Unzer Verlag,
München
Heinzelmann, R., Nuber, M.: 1 x 1 des
Obstbaumschnitts. Bild für Bild. Verlag
Eugen Ulmer, Stuttgart
Kawollek, W., Kawollek, M.: Nachwuchs
im Garten. Pflanzen vermehren leicht
gemacht. Verlag Eugen Ulmer, Stuttgart
Richberg, I.-M.: Altes Gärtnerwissen
wieder entdeckt. BLV, München
Schacht, M.: Garten Basics – Gärtnern für
Anfänger. Gräfe und Unzer Verlag,
München
Schuster, T., Fleuchaus E., Barlage, A.,
Jany, C., Haas, H.: Quickfinder Gartenpra-
xis. Gräfe und Unzer Verlag, München
Weigelt, L.: Gartengestaltung! Das Grüne
von GU. Gräfe und Unzer Verlag,
München
Viele informative Broschüren, beispiels-
weise zum Thema Staudenmischpflanzun-
gen, bietet der aid Infodienst Ernährung,
Landwirtschaft, Verbraucherschutz e. V.
unter www.aid.de zum Bestellen oder zum
Download an.

REGISTER

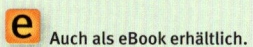

Über die Autorin

Mascha Schacht ist Gartenbau-Ingenieurin. Nach ihrem Studium absolvierte sie ein Volontariat bei »Mein schöner Garten« und arbeitet seitdem als Freie Gartenjournalistin für viele bekannte Gartenmagazine und Buchverlage. Sie lebt in Frankfurt/Main und ist selbst leidenschaftliche Stadtgärtnerin.

Bildnachweis

Corbis: 56; **Florapress / Biosphoto:** 120; **iStockphoto:** 22; **Marianne Majerus:** 106 (The B&Q Garden, RHS Chelsea Flower Show 2011 / Laurie Chetwood and Patrick Collins); **Picturepress:** 6; **Plainpicture:** 40, 72, 88, 136; **Shutterstock:** U1 (Icons), 1. Alle Zeichnungen: Mascha Greune

Syndication:
www.jalag-syndication.de

Impressum

© 2013 GRÄFE UND UNZER VERLAG GmbH, München
Alle Rechte vorbehalten. Nachdruck, auch auszugsweise, sowie »Verbreitung« durch Bild, Funk, Fernsehen und Internet, durch fotomechanische Wiedergabe, Tonträger und Datenverarbeitungssysteme jeder Art nur mit schriftlicher Genehmigung des Verlages.

Projektleitung: Angelika Holdau
Lektorat: Frauke Bahle, Merzhausen
Bildredaktion: Adriane Andreas, Petra Ender (Cover)
Umschlaggestaltung und Layout: independent Medien-Design, Horst Moser, München
Herstellung: Susanne Mühldorfer
Satz: Ludger Vorfeld, München
Repro: Longo AG, Bozen
Druck & Bindung: Firmengruppe appl, Wemding

ISBN 978-3-8338-3443-1

1. Auflage 2013

Umwelthinweis

Dieses Buch ist auf PEFC-zertifiziertem Papier aus nachhaltiger Waldwirtschaft gedruckt.